MANIFESTE

UN MÉDIA ENGAGÉ

La Déferlante est une revue féministe créée et dirigée par des femmes, pour donner la parole aux femmes et visibiliser leurs vécus et leurs combats. Le féminisme est loin de constituer une grande famille unie. Nous nous en réjouissons: une pensée en mouvement(s) est une pensée vivante. Nous avons choisi comme devise «la revue des révolutions féministes» pour raconter cette multiplicité des luttes. Si elle entend synthétiser les débats qui agitent aujourd'hui les différents courants féministes, *La Déferlante* ne se place pas au-dessus de la mêlée: elle prend parti. Nous ne pensons pas que tous les points de vue se valent. Les personnes qui s'en prennent aux femmes, parce qu'elles sont voilées ou trans, par exemple, n'ont pas leur place dans ces pages.

Engagée et accessible au plus grand nombre, *La Déferlante* est aussi une boîte à outils pour penser les grandes questions de société au prisme du genre[1]. Parce que le genre est un rapport de pouvoir omniprésent, nous nous attacherons à déconstruire ses mécanismes.

UN PROJET COLLECTIF

Nous voulons faire de *La Déferlante* un lieu de rencontre des idées féministes, un réceptacle du bouillonnement intellectuel et militant de l'époque post-#MeToo. Élaborée avec un comité éditorial qui réunit régulièrement chercheur·euses, activistes et journalistes, la revue fait dialoguer des personnes inscrites dans les courants intellectuels et militants divers, de la tradition matérialiste à la pensée queer; de la mise en critique de l'«universalisme républicain» aux horizons ouverts par les réflexions décoloniales. Loin d'avoir un avis tranché sur tous les débats qui agitent aujourd'hui les féminismes, nous souhaitons donner à comprendre et à réfléchir avec finesse et sans caricature.

UNE PLURALITÉ DE VOIX

Les femmes sont victimes d'inégalités structurelles que nous entendons analyser selon une approche intersectionnelle: c'est-à-dire en articulant classe, genre et race[2] pour penser les luttes sociales actuelles et les demandes convergentes de justice qui s'y expriment. Mettre l'intersectionnalité au cœur de notre projet éditorial, c'est aussi considérer que celles et ceux qui connaissent dans leur chair les oppressions sont les mieux placé·es pour en parler.

Nous voulons créer un média à l'image des féminismes d'aujourd'hui, portés par des voix venues d'horizons multiples. Nous assumons la subjectivité de ces points de vue: situer les savoirs est l'une des composantes de l'exigence journalistique qui nous anime.

UNE REVUE INDÉPENDANTE SANS PUB

Revue sans publicité, *La Déferlante* a été conçue comme un média capable de se financer essentiellement grâce à ses lectrices et ses lecteurs: c'est, selon nous, la meilleure manière de garantir sa pérennité et une totale indépendance dans ses choix éditoriaux. L'abonnement est évidemment la clé de ce modèle économique: pour s'installer dans le paysage médiatique, *La Déferlante* a besoin d'un soutien durable de celles et ceux qui la lisent.

VIVE LE PAPIER!

Tous les trois mois, nous vous proposons de prendre le temps de lire pour entendre la complexité et le foisonnement du monde autrement que sur les réseaux sociaux. Récits, débats, reportages, entretiens, bande dessinée, portfolio… nous avons besoin de tous les formats à notre disposition pour raconter les luttes féministes d'hier et d'aujourd'hui, d'ici et d'ailleurs. Enfin, *La Déferlante* adopte les principes d'une écriture inclusive[3] au-delà de l'utilisation du point médian: dans ses colonnes le masculin ne l'emporte pas sur le féminin (lire aussi p.159).

Marie Barbier, Lucie Geffroy, Emmanuelle Josse et Marion Pillas, cofondatrices de *La Déferlante*

1. Par «genre», nous entendons les rôles assignés socialement en fonction du sexe (masculin ou féminin) et la hiérarchie induite par cette assignation (le masculin l'emportant sur le féminin).

2. Le terme de «race» renvoie ici à une construction sociale et à un rapport de pouvoir aux effets réels sur la vie des personnes racisées.

3. Notre charte orthographique et typographique est disponible sur notre site *revueladeferlante.fr.*

NAÎTRE

©MARGUERITE BORNHAUSER

©CATERINA MUÑOZ RAMÍREZ

©ALAIN LEZONGAR

© JUL' MAROH

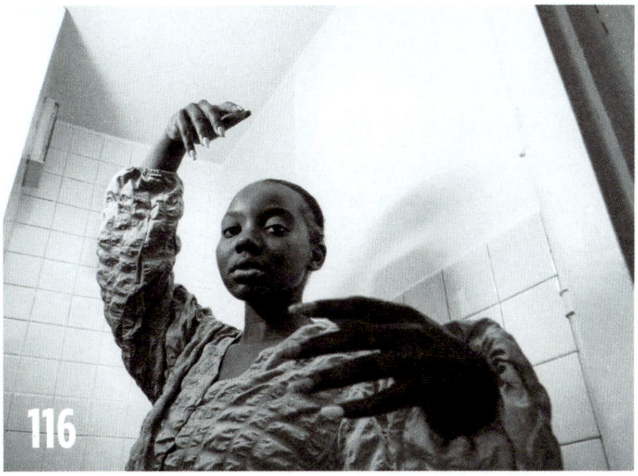

© NANCY-WANGUE MOUSSISSA

CHRONIQUES

Du Mexique à la Chine en passant par l'Écosse, mouvements sociaux ou initiatives locales montrent la vitalité des combats féministes dans le monde. Dans chaque numéro, cette carte vous en donnera un nouvel aperçu.

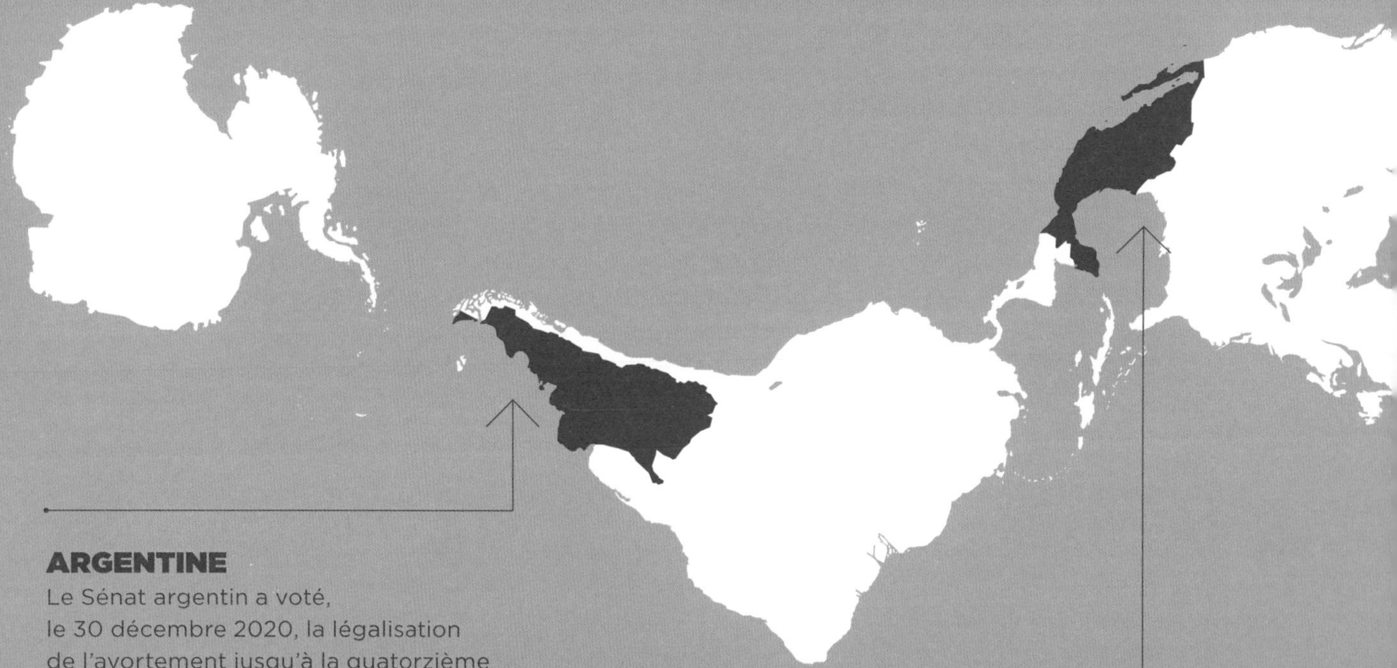

ARGENTINE

Le Sénat argentin a voté, le 30 décembre 2020, la légalisation de l'avortement jusqu'à la quatorzième semaine de grossesse. Des milliers de femmes rassemblées toute la nuit devant le bâtiment ont explosé de joie aux cris de *« Vive le féminisme, il vaincra ! »*. L'Argentine rejoint le club très restreint des pays et des zones latino-américaines où l'IVG est autorisée (Cuba, l'Uruguay, Porto Rico, la ville de Mexico et l'État mexicain de Oaxaca). Jusqu'à présent, l'avortement n'était permis qu'en cas de viol ou si la grossesse présentait un danger pour la santé de la femme enceinte. Chaque année, 38 000 femmes sont hospitalisées en Argentine pour complications à la suite d'avortements clandestins.

MEXIQUE

Depuis septembre 2020, le bâtiment de la Commission nationale des droits de l'homme au centre de Mexico est occupé par un groupe féministe autoproclamé *« bloque negro »* (black bloc). Il dénonce les abus sexuels, féminicides ou disparitions forcées dont sont massivement victimes les femmes. En 2019, 3 825 Mexicaines ont été assassinées, et seuls 976 cas ont été reconnus comme féminicides. En moyenne, chaque jour, 32 Mexicaines âgées de 10 à 14 ans deviennent mères à la suite d'abus sexuels.

LE MONDE À L'ENVERS Pour cette rubrique, *La Déferlante* a tenu à s'affranchir des représentations traditionnelles : nous ne voulions pas publier la projection de Mercator à laquelle nous sommes habitué·es, qui propose une vision eurocentrée du planisphère et déforme les proportions des pays au profit des zones tempérées et de l'hémisphère nord. Notre carte a été dessinée par la cartographe indépendante française Léonie Schlosser qui s'est inspirée d'une projection créée dans les années 1950 par l'architecte américain Richard Buckminster Fuller. Tout en étant respectueuse de la taille des superficies des pays, elle revêt une charge symbolique forte : parfois intitulée « une seule île dans un seul océan », décentrable à souhait, elle représente un monde continu et ne reproduit pas le biais culturel Nord-Sud et Orient-Occident.

CHINE

Le procès, en décembre dernier, a été passé sous silence par les médias chinois : Zhou Xiaoxuan, une scénariste de 27 ans, accusait un animateur vedette de la télévision, Zhu Jun, de harcèlement sexuel. Ajourné après une journée d'audience sans date de renvoi, le procès a suscité une vague de soutiens sur les réseaux sociaux, rapidement censurés. Une centaine de manifestant·es s'étaient même déplacé·es devant le tribunal. La loi introduisant le harcèlement sexuel dans le Code civil chinois est entrée en vigueur le 1er janvier 2021.

POLOGNE

Depuis le 22 octobre 2020, les Polonais·es se mobilisent contre la décision du Tribunal constitutionnel de rendre l'avortement possible uniquement en cas de grossesse résultant d'un viol, d'un inceste ou mettant la santé de la mère en danger, soit 2 % des avortements pratiqués en 2019. Le 30 octobre dernier, 100 000 femmes sont descendues dans les rues de Varsovie. Face à cette mobilisation massive, le gouvernement a commencé à plier début novembre, proposant « un peu de temps pour le dialogue »...

ÉCOSSE

Le 26 novembre dernier, c'est le premier pays au monde à avoir voté l'accès gratuit et universel aux protections périodiques pour les femmes. Désormais, les écoles, lycées et universités écossaises devront mettre à disposition gratuitement une gamme de protections hygiéniques dans leurs toilettes. Le gouvernement pourra aussi obliger des organismes publics à fournir gratuitement ces produits de première nécessité.

PHOTOGRAPHIES
Marguerite Bornhauser

CÉLINE SCIAMMA & ANNIE ERNAUX SŒURS DE COMBAT

CERGY EST LEUR TERRITOIRE : C'EST LÀ QUE NOUS AVONS RENCONTRÉ ANNIE ERNAUX ET CÉLINE SCIAMMA. L'ÉCRIVAINE ET LA RÉALISATRICE ONT BIEN PLUS EN COMMUN QUE CETTE VILLE NOUVELLE DE L'OUEST FRANCILIEN. LEURS ŒUVRES RESPECTIVES METTENT EN LUMIÈRE LE POIDS DES NORMES AUTANT QUE LA FORCE ÉMANCIPATRICE DU DÉSIR. FÉMINISTES REVENDIQUÉES, ELLES SONT PLEINEMENT ENGAGÉES DANS LES LUTTES DE L'ÉPOQUE.

« *Tu n'es pas comme les autres* », dit Lisa à Laure au début de votre film *Tomboy*, Céline Sciamma. Pouvez-vous nous raconter, vous et Annie Ernaux, quelles enfants vous étiez au regard de ce qu'on pourrait appeler la norme, quelle qu'elle soit, de genre ou sociale?

ANNIE ERNAUX: Petite, j'étais une enfant libre, sûre d'elle, très effrontée aussi. Deux souvenirs ont marqué mon enfance à Yvetot, en Normandie: j'ai moins de cinq ans, je joue avec un petit garçon, on fait un château de sable. À un moment, il enlève sa culotte et dit: «*Maintenant on va arroser.*» Je regarde bien… je trouve cela très intéressant [*rires*]. D'un seul coup, ma mère surgit en trombe et m'arrache littéralement à cette vision d'enfer. Un autre souvenir: j'ai huit ans et je joue avec ma cousine dans l'escalier, et, je ne sais pas pourquoi, mais à un moment je me suis déculottée et je lui ai demandé de me faire des piqûres sur le sexe… et voilà encore ma mère qui surgit et me traite de «*vicieuse*» et me dit «*à ton âge*»! Le sexe était sévèrement puni par ma mère. Pour une petite fille, c'est tout ce qu'il y a de plus laid. Les garçons, quant à eux, sont encouragés dans leur rôle de prédateurs. Socialement, si je suis une enfant très à l'aise, je cesse de l'être quand je rentre à l'école. Je ne parle pas bien: moitié patois, moitié «popu». Et je suis «reprise» dans mes manières. J'ai été très marquée par cela. La norme sociale et la manière dont les filles doivent se conduire s'inscrivent dans le corps. Cela pèse d'une façon extrême.

CÉLINE SCIAMMA: C'est marrant que vous évoquiez votre enfance avec deux scènes primitives de rappel à l'ordre parce que moi aussi, dans mon enfance, j'ai eu cette sensation d'être entravée à partir du moment où j'exprimais ma liberté. La différence avec vous, c'est que j'ai grandi ici, à Cergy, une ville «*sans cœur bourgeois*» comme vous le dites si bien. J'ai vécu mon enfance dans cette ville nouvelle, habitée par la jeunesse et par des sujets enfants – car c'étaient souvent de jeunes parents qui venaient s'installer ici. L'idée même de cet urbanisme, de séparation des piétons et des voitures, fait que les enfants circulaient très librement, moi comprise. Mais dans le même temps, les limites sont arrivées très tôt, quand j'ai commencé à ressentir un désir fort pour les filles: un désir interdit. D'emblée, vous êtes seule avec votre désir. Il n'est pas dans les livres, il n'est pas dans les imaginaires; il n'existe pas dans votre famille et il n'est pas nommé. Donc ce désir que vous devez inventer, vous allez le mettre au cœur de votre existence. C'est là que les arts vous aident à vivre. Le souvenir de l'irruption du désir, ça vous nourrit toute votre vie.

A.E.: J'ai été très marquée par votre film *Tomboy*[1] et cette scène terrible: la mère de Laure-Mickaël l'oblige à mettre une robe et à avouer qu'elle a menti et qu'elle s'est fait passer pour un garçon. On est en plein dans le tragique enfantin.

C.S.: Vous voyez, cette scène aujourd'hui, je ne la referais plus. Je n'arriverais plus à filmer cette violence-là. Cette séquence a été très commentée dans les débats qui suivaient les projections du film au moment de sa sortie: les spectateurs la rejetaient. Les gens ne supportent pas de voir représentée la domination des adultes sur les enfants alors qu'elle est

1. Sorti en 2011, le deuxième long-métrage de Céline Sciamma, *Tomboy* met en scène le personnage de Laure, 10 ans, qui se fait passer pour un garçon auprès de Lisa et sa bande. Le temps d'un été, elle devient Mickaël... jusqu'à ce que l'imposture vole en éclats.

partout. C'est même LE grand scandale : c'est une domination naturalisée, essentialisée, mais on ne veut pas la voir.

Annie Ernaux, vos parents ne formaient pas un couple traditionnel dans la distribution des rôles féminin et masculin. Quel impact cela a-t-il eu sur votre trajectoire ? Qu'en est-il de votre côté, Céline Sciamma ?

A.E. : En effet. La douceur était du côté de mon père. Ma mère, qui avait une carrure assez forte, tenait le commerce en maîtresse femme, n'hésitant pas à sortir les types saouls du café. Mais c'était aussi celle dont on se moquait par-derrière : j'entends encore une cousine me dire *« ta mère, c'est un cheval »*. Ce modèle parental, je l'ai trouvé tout à fait normal jusqu'à l'adolescence. Ce qui en est resté, c'est qu'à mes yeux les femmes sont plus puissantes que les hommes. Au fond de moi, je cherche des hommes qui sont plus faibles que moi.

C.S. : Moi, mes parents m'ont eue très jeunes, en 1978, pendant leurs études. Ils ont d'abord constitué un modèle plutôt ouvert : toute petite, j'ai été élevée avec un père à domicile et une mère qui travaillait. Ils étaient représentatifs d'une génération qui aspirait à une vie nouvelle. Mais ces rôles se sont ensuite inversés, et j'ai finalement grandi dans un univers plus classique. Je suis pile poil l'enfant d'une époque dans laquelle le sentiment qu'on avait de se choisir donnait l'espoir de faire différemment dans la conjugalité. Un malentendu qu'ont vécu bon nombre de couples, dont le pacte de départ, marqué par une espèce d'ambition, n'a pas tenu. Et je ne suis pas la seule à en juger ainsi, maintenant que j'ai l'âge de regarder mes parents comme des individus et de mettre leur parcours en regard avec un certain contexte. C'est un constat qu'ils faisaient eux-mêmes : j'ai entendu ma mère dire à mon père *« on a dérivé »*.

Ce que vous êtes en train de nous raconter en quelque sorte, c'est le livre d'Annie Ernaux, *La Femme gelée*.

« Vous êtes seule avec votre désir. Il n'est pas dans les imaginaires. »

Céline Sciamma

C.S. : Exactement ! [*rires*] C'est d'ailleurs ma mère qui a amené Annie Ernaux dans ma vie. Que la transmission vienne d'elle n'est pas un détail, parce que c'est surtout mon père qui était prescripteur en matière de goûts culturels, là où ma mère était plutôt discrète. Mais elle m'a donné à lire *La Femme gelée*[2] alors que j'étais vraiment petite. Je n'ai pas dû comprendre grand-chose… En m'y replongeant l'été dernier, j'ai eu un choc : j'ai compris ce qu'elle avait voulu me raconter à travers la transmission de ce récit. Dans une existence, certains livres sont vitaux, mais on met longtemps à comprendre pourquoi ils le sont.

2. Dans *La Femme gelée* (Gallimard, 1981), la narratrice raconte comment, jeune étudiante brillante, elle est peu à peu rattrapée par les contraintes de la vie conjugale et de la maternité. Elle livre une description implacable de la charge mentale : le travail d'organisation de l'espace domestique – qui incombe encore majoritairement aux femmes.

ANNIE ERNAUX: C'est un texte qui a été publié à un moment de reflux du féminisme. On était en 1981 : Mitterrand venait d'arriver au pouvoir, Yvette Roudy et Gisèle Halimi étaient à des postes importants [respectivement ministre déléguée aux Droits de la femme du gouvernement Mauroy et députée], on semblait considérer que tout était acquis en matière de droits des femmes. À l'époque, j'ai pourtant reçu une lettre de Benoîte Groult [journaliste et romancière féministe] m'expliquant que je m'étais trompée de combat. C'était décevant. Lors d'un passage à l'émission d'Antenne 2 « Aujourd'hui madame », j'ai même été insultée par des lectrices qui m'ont demandé pourquoi j'avais eu des enfants.

CÉLINE SCIAMMA: Je ne savais pas que votre livre *La Femme gelée* avait été si attaqué.

A.E.: *Passion simple*[3] l'a été également, mais ce fut un succès de librairie. Aujourd'hui encore, les thèmes qui sont développés dans *La Femme gelée* ne sont pas considérés comme des sujets réellement légitimes, même si le concept de la « charge mentale » s'est popularisé.

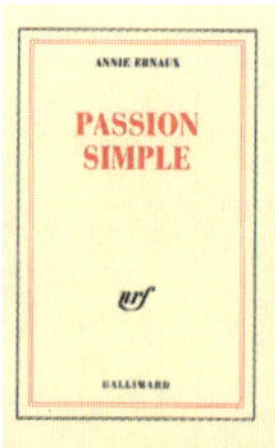

3. *Passion simple*, paru en 1991 aux éditions Gallimard et adapté en 2020 au cinéma par Danielle Arbid, est le récit clinique d'une relation que la narratrice noue durant quelques mois avec un homme plus jeune, et qui est marquée par la puissance dévorante de la passion, notamment du désir sexuel.

Quel rôle ont joué les livres d'Annie Ernaux dans votre jeunesse, Céline Sciamma ?

C.S.: Ils m'ont fait comprendre des choses de mon enfance, comme la honte, par exemple. Car l'enfance, ou plutôt les enfances, sont marquées par la honte, qu'elle soit sociale ou autre. Ce sont aussi des textes grâce auxquels j'ai pu me projeter : j'avais l'impression d'accéder aux pensées des femmes adultes, de trouver une sorte de matière documentaire pour appréhender le futur. Puis l'année de mon bac, *La Place* [publié en 1986 et récompensé par le prix Renaudot] était au programme. C'était quelque chose d'incroyable d'habiter dans la même ville que l'autrice. On vous tend un livre, et puis le dimanche, pendant que vous êtes chez le primeur, on vous montre une femme en vous disant que c'est Annie Ernaux. Brusquement, la figure d'une femme autrice se trouve incarnée, prend chair.

A.E.: Je n'y avais jamais pensé !

C.S.: En dehors des autrices jeunesse comme Susie Morgenstern ou Bernadette Després

PETITE RIMBAUD

À plusieurs reprises, il aura été question de poésie au cours de cette rencontre. Avant même que l'entretien ne débute, Annie Ernaux raconte qu'à 15 ans elle a lu *Femmes damnées* de Charles Baudelaire. *« Je me souviens du premier vers »*, répond Céline Sciamma : *« À la pâle clarté des lampes languissantes... »* Les deux femmes s'accordent sur la misogynie du poète et se remémorent l'une des dernières strophes du poème : *« L'âpre stérilité de votre jouissance [...] Fait claquer votre chair ainsi qu'un vieux drapeau. »* Céline Sciamma dira ensuite l'intérêt qu'elle porte aux femmes poètes. *« On lit très peu de poésie des femmes : Marceline Desbordes-Valmore... Récemment j'ai lu Louise Labé, j'étais trop contente : c'est vraiment l'histoire d'une femme qui a chaud au cul ! »* La réalisatrice raconte aussi qu'elle a lu il y a peu *Les Muses françaises*, une anthologie de poésie publiée en 1943 par Rosemonde Gérard, la femme d'Edmond Rostand, poétesse elle-même. *« Elle écrit un poème sur les femmes poètes qu'elle présente : rien que ça, c'est incroyablement magnifique. Certaines sont célèbres, comme George Sand, d'autres moins. »* Avant de quitter Annie Ernaux, Céline Sciamma lui offre une ancienne édition des *Poèmes d'enfant* de Sabine Sicaud, une poétesse française née en 1913 et décédée en 1928, dont les poèmes furent publiés quand elle avait 13 ans. *« Une petite Rimbaud qui est morte très jeune »*, conclut la réalisatrice.

[la dessinatrice de *Tom-Tom et Nana*] – dont les voix comptent aussi beaucoup à mes yeux, d'ailleurs –, vous êtes sans doute la première femme vivante dont j'ai lu les livres.

Comment devient-on autrice, justement, ou réalisatrice? Pour une femme, la création relève-t-elle d'une transgression?

A.E.: Mon premier manuscrit, écrit à 22 ans à partir d'une matière qui allait un jour devenir celle de *Mémoire de fille*[4], a été refusé par les éditeurs. Les années d'après correspondent à un itinéraire classique de femme: l'avortement, le mariage, les grossesses, les études qui ne sont pas finies… Avec deux jeunes enfants, écrire est devenu un horizon lointain, mais je n'en ai jamais abandonné le projet. À la trentaine, alors que ça ne va plus du tout avec mon mari, je sens que je n'ai rien à perdre. Sans en parler à personne, je me lance dans *Les Armoires vides*[5], qui sera publié par Gallimard en 1974. Avec cette publication, le regard que ma mère, ma belle-famille, mes collègues enseignant·es pose sur moi n'est plus le même. C'est comme si j'avais fait un enfant dans le dos à tout le monde! Mais les conditions matérielles de ma vie étaient toujours les mêmes. J'ai galéré pendant pas mal d'années, jusqu'à ce que je commence à faire le ménage dans ma vie.

C.S.: Pour moi, ça été très différent. De manière assez fluide, j'ai structuré ma vie autour du travail d'écriture et de création, choses auxquelles j'avais toujours aspiré. C'est un luxe incroyable. Je ne suis pas vaccinée contre la norme, et ça passe quand même par des renoncements, tel que celui de faire famille, par exemple. Mais ce sont des décisions prises en toute lucidité.

A.E.: Ne pensez-vous pas que la conscience que vous avez eue très tôt de vos désirs vous a libérée de beaucoup de choses?

C.S.: C'est certain.

« Certains livres sont vitaux, mais on met longtemps à comprendre pourquoi ils le sont. »

Céline Sciamma

A.E.: Parce que de mon côté, à partir de 20 ans il était clair que je voulais dédier ma vie à la littérature. Mais j'ai été rattrapée par le cul! Et le cul, pour moi, c'étaient les hommes et le risque de tomber enceinte à une époque où on empêchait les femmes d'avorter.

Faut-il opposer la solitude du travail de l'écriture au côté collectif de la réalisation d'un film?

C.S.: Le partage n'est pas si clair. L'avantage du cinéma, c'est qu'il y a un peu tous les plaisirs: au début, on écrit en solitaire, puis on est trente sur un tournage pendant deux mois, et ensuite on se retrouve à deux, dans une conversation avec la monteuse ou le monteur. Et finalement, on reprend la route seule. Donc pour moi, le cinéma, c'est du solitaire et du collectif. Mais comme dans toute pratique artistique, non? En tous les cas, si je devais me projeter dans une activité en particulier, ce que je préfère, c'est écrire. Le cinéma, c'est très physique, avec un côté « grosse machine ». Même s'il y a beaucoup de joie là-dedans, je ne sais pas si je me vois faire ça toute ma vie.

A.E.: L'écriture, c'est franchement solitaire d'un bout à l'autre.

Vous avez en commun le thème de la passion amoureuse. Dans *Portrait de la jeune fille en feu* (2019), Céline Sciamma, vous mettez en scène une politique de l'amour fondée sur l'égalité. Pensez-vous que l'égalité comme utopie amoureuse a plus de chance d'advenir dans l'amour lesbien?

4. Publié en 2016 aux éditions Gallimard, *Mémoire de fille* est le livre autour duquel Annie Ernaux, comme elle le dit elle-même, a tourné toute sa vie. Dans ce roman autobiographique, elle livre, près de 60 ans plus tard, le souvenir de son premier rapport sexuel: un viol qui ne dit jamais son nom.

5. Dans ce portrait de son enfance normande, Annie Ernaux développe des thèmes récurrents dans son œuvre: l'importance de la figure de la mère et le tiraillement entre deux milieux sociaux, celui de ses parents, anciens ouvriers, et le milieu bourgeois et intellectuel qu'elle découvre comme étudiante pendant ses études.

CÉLINE SCIAMMA: Ce qui est certain, c'est qu'il y a dans l'hétérosexualité une culture qui légifère les rapports de manière très forte. Nous, les lesbiennes, nous pouvons davantage sortir de ces trames préécrites, mais cela ne veut pas dire qu'on y parvient. Dans le cas de *Portrait de la jeune fille en feu*[6], récit qui se déroule au XVIIIe siècle, cette égalité ne peut advenir qu'entre deux femmes. Le cinéma structure nos imaginaires, notamment nos imaginaires amoureux. Une fiction d'égalité entre un homme et une femme est tout à fait possible... puisque c'est une fiction! [*rires*]. Mais, de fait, il en existe peu. Dans le cinéma français, on est, hélas, trop habitué·es aux dynamiques de conflit qui font avancer les récits. En tant que réalisatrice, j'essaie de travailler d'autres narrations parce que je constate que mon regard a été hanté par des passages obligés pour faire fiction. Dans mon prochain film, tourné avec des enfants, je me suis attachée à ne pas leur faire jouer des situations conflictuelles. C'est ce qui m'intéresse dans l'égalité: que se passe-t-il si deux personnes sont d'accord? Qu'est-ce qu'on raconte? Souvent, à la fin d'une comédie romantique, après toute une série de conflits, les deux personnages se mettent d'accord pour signer un contrat. Mais qu'est-ce qu'on raconte si elles sont d'accord dès le départ? Quelle fiction on tisse?

Dans *Passion simple* (1991), la passion décrite s'apparente à un asservissement. Annie Ernaux, une relation amoureuse n'est-elle pas forcément une forme d'aliénation?

ANNIE ERNAUX: Oui, mais dans mon livre j'introduis une distanciation par rapport à ce rapport d'aliénation. D'ailleurs, je dois dire que son adaptation au cinéma par Danielle Arbid [avec un titre éponyme] accentue l'hétéronormativité qui s'applique à cette relation, en gommant la différence d'âge du récit initial, dans lequel la narratrice est dix ans plus âgée que son amant. Il y a eu un contresens formidable à la sortie du livre. On m'a comparée à Madame Bovary. Mais Madame

« Plus fortement que le jour du mariage, si léger au fond, je me sens entraînée doucement, sous des couleurs layette, dans un nouvel engrenage. »

Annie Ernaux, *La Femme gelée* (1981)

Bovary, c'est un personnage ! Or, je ne suis pas un personnage, je suis celle qui prend la plume. La critique masculine a été particulièrement effroyable. On m'a même affublée du surnom de « Madame Ovary ». Un auteur homme n'aurait jamais essuyé ce genre de critique ! A-t-on reproché à Goethe d'écrire *Les Souffrances du jeune Werther* ? Les hommes ont le droit d'écrire sur la passion sans qu'on les emmerde et pas les femmes. Elles doivent rester à leur place et être aimées (ou pas) ! Cela étant, mon livre a été lu et apprécié autant par des hommes que par des femmes. J'ai reçu également beaucoup de lettres de lecteurs et lectrices homosexuel·les. J'ai d'ailleurs noué une correspondance sur ce livre avec un couple d'hommes, correspondance qui a duré jusqu'à maintenant.

C.S. : Pour moi, *Passion simple* est d'abord un livre qui raconte la lucidité d'une aliénation. C'est pour cela qu'il permet à beaucoup de monde de pouvoir s'identifier à la narratrice. À la fin du livre, la narratrice se réunit avec elle-même, retrouve son intégrité, grâce à cette dernière phrase : *« Quand j'étais enfant, le luxe, c'était pour moi les manteaux de fourrure, les robes longues et les villas au bord de la mer. Plus tard, j'ai cru que c'était de mener une vie d'intellectuel. Il me semble maintenant que c'est aussi de pouvoir vivre une passion pour un homme ou une femme. »* Si j'avais dû adapter votre livre, je crois que je serais partie de cette phrase finale.

Dans votre premier film, *Naissance des pieuvres*, vous montrez notamment à quel point la norme hétéro peut aliéner des jeunes filles, à l'aube de leur vie sexuelle.

C.S. : Le film[7] était conçu comme une radiographie des féminités à travers trois adolescentes. Je voulais parler de désir plus que d'amour : c'est souvent une étape qu'on zappe. Alors que, s'il y a une chose dont on se souviendra toujours, dans la vie, c'est du chemin qui mène au baiser… Ce qui était vraiment chelou dans le film à l'époque, c'était d'inclure, dans ces chorégraphies du désir, celle d'un désir lesbien, celui du personnage de Marie, jouée par Pauline Acquart. Le personnage de Floriane, joué par Adèle Haenel, n'est pas la méchante qui repousse ce désir dont elle est l'objet : c'est plutôt la jolie fille condamnée, en quelque sorte, à l'hétérosexualité.

A.E. : Quel a été l'accueil de *Naissance des pieuvres* ?

C.S. : Il a été bien reçu. Il faut dire qu'on était au festival de Cannes, on affichait des signes extérieurs de richesse [*rires*] ! Depuis, le regard sur certains aspects du film a évolué, le mien comme celui des spectatrices et spectateurs. J'ai réalisé il y a trois ans que ce que j'avais filmé avec le personnage d'Anne, joué par Louise Blachère, vivant son premier rapport sexuel, c'était une scène de viol, sans jamais l'avoir nommé ainsi – tout comme dans *Mémoire de fille* vous décrivez un viol sans mettre ce mot dessus. Mais lors de la sortie du film, en 2007, ce qui suscitait des cris de dégoût dans la salle, c'était le fait qu'Anne, au terme de cette scène, crache dans la bouche du garçon. C'était ça le scandale, une femme qui crache dans la bouche d'un homme. Ce qui est drôle, c'est qu'Adèle [Haenel] m'a raconté que lorsqu'elle est allée présenter le film il y a six mois dans un lycée, elle a vu les élèves applaudir devant ce passage.

Autre scène troublante de votre œuvre, Céline Sciamma : celle de l'avortement du personnage de la servante dans *Portrait de la jeune fille en feu*. C'est comme un contrepoint très doux à cet « événement » que vous, Annie Ernaux, évoquez plusieurs fois dans vos livres dans sa dimension crue et violente.

A.E. : C'est très rare de voir un avortement représenté. Dans mon livre *L'Événement* [Gallimard, 2000], j'écrivais : *« Je ne crois pas qu'il existe un Atelier de la faiseuse d'anges dans aucun musée du monde. »*

C.S. : C'est justement ce constat que vous faites qui m'a encouragée à imaginer cette scène ! Cette idée de mise en scène m'est

6. Le film met en scène la rencontre et l'amour impossible entre deux jeunes femmes, une peintre (Noémie Merlant) et son modèle (Adèle Haenel), dans la Bretagne du XVIIIe siècle.

7. Sorti en 2007, *Naissance des pieuvres* est le premier long-métrage de Céline Sciamma. Marie, Floriane et Anne ont 15 ans : avides de métamorphoses, elles promènent leur ennui sur les bancs de la piscine municipale et dans les premières booms collégiennes. Mais le désir surgit là où on ne l'attend pas et bouleverse leurs destins.

apparue progressivement. Le déclic est venu avec l'idée d'introduire un enfant qui console la jeune femme qui avorte. Je me suis dit que la scène était alors suffisamment troublante pour accueillir tout le monde, les femmes qui ont avorté, celles qui ne l'ont pas fait, celles qui ont des enfants, celles qui n'en ont pas…

En montrant également Marianne en train de peindre cette scène, le film pose d'emblée la question de la représentation d'un tel «événement».

CÉLINE SCIAMMA: Pour préparer le film, j'ai fait beaucoup de recherches sur les femmes artistes. Ça m'a rendue très mélancolique de ne découvrir ce corpus d'images qu'à l'âge adulte, j'aurais aimé qu'elles m'accompagnent bien plus en amont dans ma vie. Mais il y a eu confiscation de nos représentations, de nos corps, de nos intimités. J'ai vu des autoportraits de meufs du XVIe siècle qui montrent leurs dents, qui mangent, qui sont ivres… Elles ne sont pas à moitié à poil sur une méridienne! Un tableau de deux femmes qui fument en lisant un livre, ça fait du bien, franchement.

Céline Sciamma et Annie Ernaux, vous vous êtes toujours revendiquées féministes, y compris à l'époque pas si lointaine où c'était beaucoup moins courant de l'assumer qu'aujourd'hui. Comment êtes-vous devenues féministes?

ANNIE ERNAUX: Fondamentalement, je pense que j'ai été influencée par le modèle de femme forte de ma mère. Et puis chez moi la lecture du *Deuxième Sexe* en 1958 a été déterminante: ça a changé ma vie. Même si on n'employait pas encore ce terme, je peux donc dire que je suis devenue féministe en 1958. Et en même temps, je constatais à quel point, dans la vie quotidienne et conjugale, le féminisme de Beauvoir n'était pas praticable! Si, au début des années 1960, on n'imaginait pas qu'un jour l'avortement serait autorisé, par contre, on savait très bien que la pilule avait été inventée [au milieu des années 1950] bien qu'interdite. On ne reliait pas encore la contraception au combat féministe. À l'époque, Simone de Beauvoir, par exemple, ne s'intéressait pas à la pilule. Elle s'en foutait.

VILLE-MUSE

Annie Ernaux vit à Cergy depuis le milieu des années 1970, quand la ville est sortie de terre. Céline Sciamma y est née et y a vécu toute son enfance. Ville périphérique, située à une trentaine de kilomètres de Paris, dans le Val-d'Oise, Cergy-Pontoise a joué un rôle important dans le parcours de chacune d'entre elles. C'est dans sa maison du quartier des Bois, surplombant la Seine, qu'Annie Ernaux a écrit l'essentiel de ses livres et observé la ville nouvelle se construire au fil des ans. Cergy a offert à l'écrivaine la matière de plusieurs de ses «journaux extimes»: *Journal du dehors* (Gallimard, 1993), *La vie extérieure* (Gallimard, 2000) ou encore *Regarde les lumières mon amour* (Seuil, 2014) dans lequel elle consigne ses passages à l'hypermarché du centre commercial des Trois-Fontaines. Céline Sciamma, quant à elle, y a tourné à plusieurs reprises, notamment *Naissance des pieuvres* filmé intégralement à Cergy. C'est aussi là qu'elle a tourné en partie *Petite Maman*, son dernier long-métrage qui sort cette année. *«J'ai filmé des scènes dans la pyramide située au milieu de l'étang de Cergy, à l'intérieur, c'était magnifique»*, raconte-t-elle à Annie Ernaux. *«C'est dingue de grandir dans une ville qui a presque le même âge que vous»*, souligne Céline Sciamma au cours de l'entretien tout en redisant son attachement pour cette *«ville de pionniers»*, cette *«ville-utopie»*.

Par la suite, comment votre féminisme s'est-il confirmé ?

A.E. : J'étais, de fait, très intéressée par des écrivaines qu'on pourrait dire féministes : George Sand, Virginia Woolf. Pour mon diplôme d'études supérieures, l'équivalent de la maîtrise, j'ai choisi d'étudier « la femme et l'amour dans le surréalisme ». Et puis, plus tard, je me suis engagée dans les mouvements des années 1970.

C.S. : Vous militiez au Mouvement de libération des femmes ?

A.E. : Je n'étais pas au MLF mais je militais à la Ligue du droit des femmes, à Choisir de Gisèle Halimi et au MLAC [Mouvement pour la liberté de l'avortement et de la contraception]. À l'époque, j'étais mariée, je vivais à Annecy. Un jour, j'ai voulu aller voir le documentaire *Histoires d'A*[8] sur l'avortement. Mon mari n'était pas d'accord pour que j'y aille et j'avais dû quasiment faire le mur ! C'était ça le début des années 1970, il y avait cette lourdeur. Le slogan de l'époque, c'était « Une femme sans homme, c'est comme un poisson sans bicyclette ». Si j'avais mis une affiche avec ce slogan chez moi, mon mari l'aurait tout de suite déchirée. Dans ces mouvements, on était beaucoup de femmes mariées et on avait vraiment l'impression de refaire le monde. C'est aussi à cette époque qu'est née la sororité, sans qu'on la nomme ainsi : des groupes de femmes. Je n'avais jamais connu ça. Avant 1968, cela n'existait pas. C'est ça qui était formidable !

Et vous, Céline Sciamma, quel processus chez vous a abouti à cette affirmation d'un engagement féministe ?

C.S. : Aucune culture féministe ne m'a été transmise. Je suis une enfant des années 1980, biberonnée à « Cocoricocoboy » [émission diffusée sur TF1 de 1984 à 1987] qui véhiculait clairement une culture du viol, à une époque où les femmes étaient totalement objectifiées… C'est vraiment mon inscription à la faculté de Nanterre qui a marqué mon entrée dans l'activisme. J'ai choisi d'y étudier parce que la fac abritait alors depuis un an la première association d'étudiant·es homosexuel·les de France : Étudions Gayment. Militer dans cette association, c'était pour moi l'opportunité de sortir de la clandestinité. Je voulais « me réunir » : étudier, aimer, apprendre et agir au même endroit.

Extrait du film *Tomboy* (2011) de Céline Sciamma.

Donc d'emblée, l'engagement chez vous a été collectif ?

C.S. : Oui et j'insiste sur le fait que c'était presque un mode de vie : on allait au Pulp, la boîte de nuit lesbienne, on étudiait ensemble à la bibliothèque et on militait. J'avais 19 ans et enfin j'arrêtais de vivre une double vie. En plus, Étudions Gayment était un collectif très mixte : il y avait les invalides avec nous, les trans, l'étudiant en droit du bâtiment G qui avait fait le séminaire mais était complètement pédé ! [*rires*]. Et puis j'ai commencé à militer sur une victoire : le Pacs [Pacte civil de solidarité, instauré en 1999, pour deux personnes de sexe différent ou de même sexe]. C'est à cette époque que j'ai connu les premières euphories des combats, une euphorie qu'on revit ces temps-ci avec les colleuses contre les féminicides et les mouvements antiracistes. Une euphorie qui fait qu'on peut regarder son pays en face en se disant que, ouais, il se passe quand même des choses.

Si les livres aident à devenir féministe, lequel a joué ce rôle chez vous ?

C.S. : Je suis une enfant de *King Kong Théorie*, même si j'étais déjà âgée quand je l'ai lu pour la première fois. J'avais 30 ans.

8. Réalisé en 1973, ce documentaire de Charles Belmont et Marielle Issartel, en partie financé par le Planning familial, donne la parole à des militant·es pour l'interruption volontaire de grossesse. À sa sortie, le film est interdit de diffusion par le ministre des Affaires culturelles, Maurice Druon.

À droite:
Céline Sciamma et Adèle Haenel à la manifestation internationale pour la Journée des droits des femmes, à Paris, le 8 mars 2020.

En bas:
Annie Ernaux avec sa mère à l'entrée du café à Yvetot, en 1959. Photo tirée du Quarto Gallimard «Écrire la vie».

«La contraception effarouchait trop les tables familiales pour qu'on en parle. L'avortement, un mot imprononçable.»

Annie Ernaux, *Les Années* (2008)

ANNIE ERNAUX: Oui, en effet, je n'avais rien lu d'aussi fort depuis *Le Deuxième Sexe*. Avec cette première phrase: *«J'écris de chez les moches, pour les moches, les frigides, les mal baisées, les imbaisables…»* C'est un langage!

CÉLINE SCIAMMA: Mais ce qui a surtout changé la donne, c'est qu'elle parle de son viol – et la manière dont elle en parle!

En 2017, l'affaire Weinstein met au jour le harcèlement sexuel et les violences sexuelles dans le milieu du cinéma. Comment avez-vous perçu ou vécu le mouvement #MeToo qui a suivi?

A.E.: Pour moi ça a été une lumière! Je me suis dit: c'est formidable, je ne mourrai pas sans avoir vu cette révolution féministe. Comme je l'avais écrit dans *Les Années* [Gallimard, 2008], la révolution sexuelle avait bel et bien eu lieu, mais pas la révolution des femmes.

C.S.: Et la question du corps y est centrale. Car ce qui me frappe le plus, c'est le fait que les agressions sexuelles soient nommées et au centre de la lutte. Le viol, c'est vraiment la chose à laquelle les hommes ne réfléchissent pas. On est seules, nous les femmes, à y réfléchir. Et dès qu'on a un peu d'impact sur cette question – je pense à ça car l'année 2019, pour moi, a été marquée par les prises de parole d'Adèle Haenel –, on se voit reprocher de créer de l'inconfort. L'inconfort est pourtant minime: il s'agit de voir, d'entendre, un peu. Mais on manque d'alliés. C'est une déception de se voir ainsi trahies par nos pères, nos frères.

En France, cela a été long avant que des personnalités ne s'emparent du mouvement #MeToo, y compris dans le monde du cinéma.

C.S.: Oui et non. Il y a des femmes qui ont pris la parole. Mais est-ce qu'on les écoute? Est-ce qu'on écoute Sand Van Roy quand elle parle de Luc Besson? L'enquête a été reprise dans plusieurs médias américains, mais très peu en France. Le problème, c'est vraiment le traitement de cette parole. Et puis ça n'a pas mis tant de temps que ça. Il a fallu deux ans. Il faut du temps psychique pour arriver à prendre la parole comme l'a fait Adèle Haenel, pour se sentir armée.

NOS CORPS, NOS CHOIX

En évoquant le droit à l'avortement et l'accès à la procréation médicalement assistée pour les couples de lesbiennes, Annie Ernaux et Céline Sciamma ont redit plusieurs fois, pendant cet entretien, la difficulté, pour les femmes de parvenir à l'autonomie reproductive. *«J'ai été frappée, lors du vote de la loi autorisant l'IVG en 1975, de voir des mecs, poussés par la crainte de ne plus maîtriser la reproduction, dire que "les femmes n'auraient plus de limites"»*, raconte l'écrivaine. Chez Céline Sciamma, la colère est vive: *«On vit dans un pays où ça fait huit ans – huit ans! – que la procréation médicale assistée pour les lesbiennes est empêchée. Ce qui pose problème, c'est qu'on fasse des enfants sans les hommes.»* Et la cinéaste de tracer la généalogie de luttes anciennes en évoquant les figures de Nelly Roussel (1878-1922), femme de lettres féministe, et de Madeleine Pelletier (1874-1939), première femme médecin française: *«Avant la Première Guerre mondiale, ces néomalthusiennes militaient pour le contrôle de la natalité et pour certains droits que nous avons acquis depuis. Elles hallucineraient en voyant où nous en sommes rendues: tout ce pour quoi elles se sont battues, nous l'avons acquis. Et pourtant, nos vies, nos imaginaires, nos sexualités n'ont pas changé. Nous ne pouvons toujours pas vivre pleinement notre citoyenneté.»*

ANNIE ERNAUX: Je me souviens de la tribune sur la « liberté d'importuner » [publiée dans les pages Débats du *Monde*] en janvier 2018. C'était du pain bénit pour les médias, ça permettait d'opposer les femmes. Quand on m'a demandé mon point de vue sur le sujet, j'ai répondu que je ne voulais pas rentrer là-dedans.

CÉLINE SCIAMMA: Pourquoi, quand on parle de viol, nous renvoie-t-on à des histoires d'érotisme si ce n'est qu'on vit dans une société où le viol est érotisé ? Je suis globalement effarée par la pauvreté des arguments qui nous sont opposés. Le masculinisme ne produit pas de pensée. Essayez de faire plus de trois lignes sur cette idée qu'il faudrait séparer l'homme de l'artiste… C'est l'inverse qui est très beau : c'est respecter les artistes que de dire qu'ils sont complètement logés dans leur œuvre, qu'on ne peut pas les en expulser. C'est les prendre au sérieux, une façon de leur dire : « on vous écoute, vous mettez une parole dans le monde ».

A.E.: Un autre argument que l'on entend tout le temps, c'est : *« Est-ce que vous n'allez pas trop loin ? »* Qu'est-ce que ça signifie « aller trop loin » ? Il y a comme ça tout un arsenal de phrases qui sont malheureusement des lieux communs accessibles à tout le monde.

C.S.: Tout à fait ! *« C'est pas la bonne pancarte »*, *« Il fallait pas le dire avec ce ton-là »*… Aux César, ce n'était soi-disant *« pas la bonne année »* pour qu'Aïssa Maïga prenne la parole. Sauf qu'en fait c'était l'année de Black Lives Matter ! *« Ah non, mais si elle avait été drôle, j'aurais été antiraciste »*… Non mais allez vous faire foutre [*soupirs*].

On vit une époque très ambiguë, entre avancées féministes et répression accrue des mouvements sociaux. Faut-il pondérer l'espoir qu'on voit naître ?

A.E.: Je reste prudente. De toute façon, il reste encore des montagnes à soulever. Mais ce qui se passe actuellement me donne davantage d'espoir. Pour nous, en tant que femmes, il s'agit de ne rien laisser passer. La lutte est sans fin. Mais après tout, pourquoi pas ? C'est bien, la lutte.

C.S.: Il y a l'échelle de nos vies individuelles et celles de nos luttes collectives. On peut se battre pour des alternatives, ou les incarner au jour le jour, en faisant de nos existences des sortes de laboratoires dans lesquels s'expérimenteraient d'autres manières de faire communauté. Alors oui, on va lutter toute notre vie, mais nous serons riches de ces luttes, qui engagent la totalité de nous-mêmes. C'est ce que je trouve appétissant pour le futur. Il s'agit vraiment de penser le féminisme comme une reconfiguration intégrale du monde. ●

Entretien réalisé le 8 décembre 2020 par Lucie Geffroy et Emmanuelle Josse, respectivement journaliste et éditrice, toutes les deux cofondatrices de *La Déferlante*.

1940
Naissance d'Annie Ernaux.

1975
Légalisation de l'avortement en France.

1978
Naissance de Céline Sciamma.

1984
Annie Ernaux obtient le prix Renaudot pour *La Place*.

2007
Naissance des Pieuvres, premier film de Céline Sciamma.

2008
Les Années finaliste du Man Booker International Prize.

2019
Prix du scénario à Cannes pour *Portrait de la jeune fille en feu*.

2020
Céline Sciamma tourne à Cergy son dernier long-métrage qui sort cette année : *Petite Maman*.

« LA LUTTE EST SANS FIN. MAIS APRÈS TOUT, POURQUOI PAS ? C'EST BIEN, LA LUTTE. »

ANNIE ERNAUX

KAOUTAR HARCHI

Ce soir où je crus pouvoir dire « je »

Longtemps, Kaoutar Harchi a pensé être une écrivaine comme les autres. Mais un jour, lors d'une rencontre en librairie, elle réalise qu'elle est avant tout une autrice exotique. Et qu'aux yeux d'une partie de son lectorat, ses cheveux noirs et sa peau mate l'empêchent d'avoir son propre point de vue.

Jeune, dans mon Strasbourg natal, je lisais les récits de langue française de celles que l'on nommait « les écrivaines arabes », « les écrivaines maghrébines », « les écrivaines arabo-musulmanes » ou encore « les écrivaines nord-africaines ». J'ignorais tout, alors, des implications de ces multiples catégorisations. Au vrai, assise à une table de la bibliothèque municipale de la rue Kuhn, livre à la main, je me figurais simplement des femmes aux cheveux noirs, à la peau mate, écrivant et publiant.

Plus tard, je lus encore, à propos de ces écrivaines, articles et ouvrages de théorie littéraire. Je me souviens de quelques titres : *Assia Djebar. Écrire, transgresser, résister* ; *La Littérature féminine de langue française au Maghreb* ; *Écrits sous le voile. Romancières algériennes francophones, écriture et identité* ; *Des femmes et de l'écriture. Le bassin méditerranéen*. Une bibliographie pléthorique qui déployait cette idée récurrente selon laquelle l'écriture de ces femmes était intrinsèquement frondeuse, transgressive. Transgression qui consistait en une formulation d'une critique sociale, une évocation de la sexualité, un renoncement à la vie matrimoniale, une énonciation d'un désir d'émancipation, mais, plus encore, en l'affirmation souveraine d'un « je ». Des chapitres entiers détaillaient, page après page, la manière dont ces femmes, décrites comme soumises à la loi du groupe originel, avaient trouvé, en leur for intérieur, le courage de conquérir, par l'écriture, leur propre individualité. Échappées du monde communautaire et tribal, on les qualifiait volontiers de *modernes*.

J'avais 16 ans et j'avais fini par intérioriser, alors, l'existence d'une frontière séparant les femmes écrivaines de là-bas – prisonnières d'une communauté religieuse et plus généralement culturelle – et les femmes écrivaines d'ici – libres, déjà. Quand je parvins à m'avouer mon désir d'écrire, bien qu'ayant les cheveux noirs et la peau mate, je ne me *rangeais* pas du côté de ces femmes lointaines dont je partageais l'apparence physique, mais bien du côté de celles dont je partageais le quotidien. Ces femmes qui, comme moi, étaient d'ici.

Ou plutôt: je crus être d'ici. Je crus être libre, déjà. Je crus être *moderne*. Je crus être une jeune femme n'ayant pour seul travail que l'écriture et qui, à force d'écrire, deviendrait une écrivaine «tout court», jamais confrontée à mille et une dénominations catégorielles. Je crus pouvoir dire, souverainement, «je».

«DANS VOTRE PAYS...»

Chemin faisant, cette croyance dura - peut-être même m'aida-t-elle à écrire - jusqu'au soir où, pour la première fois, je présentai en librairie le roman que je venais de publier. Je me souviens de l'échange avec la modératrice et de ma joie de pouvoir, enfin, parler publiquement de *mon* travail. Puis, selon l'usage, une fois cet échange achevé, la parole fut donnée aux personnes présentes dans la salle. La grande majorité des questions qui me furent alors posées commencèrent par ces mots:

— «Dans votre culture...?»
— «Chez vous...?»
— «Votre père, vos frères...?»
— «Votre famille...?»
— «Dans votre pays...?»

Moi qui n'avais eu de cesse d'exprimer ma subjectivité propre durant tout le temps que dura la présentation, je fus, en un instant, *renvoyée*, non pas à moi-même, mais à un «nous», à un groupe quelque part, là-bas, loin d'ici et dont je ne serais qu'une membre. La clône d'une autre clône, elle-même clône d'une autre clône. J'étais comme passée, sans le savoir, sans le vouloir, de l'autre côté de la frontière. Je ne sus, ce soir-là, que répondre à ces questions. Je souris, me contentai de dire merci, à bientôt. Il me fallut vivre pareille situation plusieurs fois de suite avant de parvenir à comprendre que certaines des personnes présentes, aveuglées par mes cheveux noirs et ma peau mate, ne pouvaient peut-être pas m'entendre dire «je», ni percevoir la singularité de mon point de vue.

ÉCRIRE AU-DELÀ DE L'ÉCRITURE

J'ai alors craint que, dans ce monde littéraire où il importait de se distinguer, de se forger une réputation et de faire valoir son originalité, je sois privée de cette possibilité d'exister *individuellement*. De là, mon expérience littéraire se transforma peu à peu en un vigoureux apprentissage politique, source continue de questionnements, de comparaisons, de critiques et de réflexivité. J'entends par «politique» cette forme de surconscience qu'écrire dans le brouhaha du sexisme, du racisme, du mépris de classe, ce n'est plus véritablement écrire. C'est au-delà, c'est peut-être plus grand qu'écrire, c'est écrire en sachant que l'écriture sera moins jugée que celle qui écrit, c'est écrire dans l'inégalité, c'est écrire en réclamant tacitement, pour soi, ce dont jouissent les autres. Ce que Toni Morrison a justement nommé, dans *La Source de l'amour-propre* (Christian Bourgois, 2019), *«le droit et l'étendue du métier d'écrivain»*.

C'est ainsi que les choses, véritablement, naquirent. ●

Kaoutar Harchi est sociologue, chercheuse associée à l'Université Paris-Descartes. Sa thèse sur les écrivains algériens de langue française a été adaptée et publiée chez Fayard en 2016 sous le titre *Je n'ai qu'une langue et ce n'est pas la mienne*.

LAS TESIS

CES CHILIENNES QUI CHANTENT ET DANSENT CONTRE LE VIOL

LEUR PERFORMANCE A FAIT LE TOUR DU MONDE. RENCONTRE AVEC LES QUATRE FEMMES QUI FORMENT CE COLLECTIF ARTISTIQUE ET ONT RÉUSSI LE TOUR DE FORCE DE RENDRE VISIBLE UN FLÉAU MONDIAL : LA CULTURE DU VIOL.

TEXTE **Adeline Raynal**
Journaliste, Adeline Raynal a vécu cinq mois au Chili en 2020 afin d'y couvrir le mouvement social en cours.

En haut:
Marche féministe, Santiago, Chili, 25 novembre 2019.

Lundi 25 novembre 2019. Un coup d'œil au ciel de Santiago ; le soleil y scintille. Une oreille tendue vers le chœur des femmes qui chantent, la colère y résonne. Au Chili, la révolte sociale contre les inégalités gronde déjà depuis plus d'un mois lorsque, par cette journée d'été austral, elles sont une trentaine à se masser juste en face de l'imposant commissariat de police du quartier de Bellas Artes. La date n'a pas été choisie au hasard. Le 25 novembre marque la journée internationale de lutte contre les violences faites aux femmes. Les yeux bandés de noir, le doigt accusateur, la voix qui porte au loin, elles entonnent un vibrant *Un violador en tu camino (Un violeur sur ton chemin)*. Le même jour, ce chant et sa chorégraphie sont repris devant plusieurs lieux symboliques de la capitale chilienne. Il deviendra bientôt un hymne féministe mondial.

Au premier rang, de gauche à droite, Paula Cometa Stange, Sibila Sotomayor Van Rysseghem, Dafne Valdés Vargas et Lea Cáceres Díaz. Ce sont elles qui ont imaginé cette performance. Depuis 2018, elles forment le collectif artistique Las Tesis. « *J'ai ressenti un effet cathartique très fort. Nous prenions conscience que nous n'étions pas seules face aux violences liées au genre. Malgré une société brutalement patriarcale, nous pouvons lutter ensemble contre cette oppression* », confie Lea Cáceres Díaz, costumière de formation, lors d'un entretien en visioconférence à l'automne 2020. « *Nous étions plongées dans une euphorie mêlée à de la peur, portées par une force immense. L'énergie traversait tout mon corps.* »

L'Amérique latine est particulièrement marquée par les inégalités de genre. Une femme y est tuée toutes les deux heures, alertait en 2018 la Commission économique pour l'Amérique latine et les Caraïbes (Cepalc) de l'ONU. En réponse à cette violence, les initiatives féministes se multiplient ces dernières années. Le mouvement Ni una menos (pas une de moins), né en Argentine en 2015, a donné lieu à des manifestations massives, non seulement dans les principales villes du pays, mais aussi au Chili, au Pérou et en Uruguay, entre autres. En mai 2018, une vague féministe a aussi déferlé dans les universités chiliennes pour dénoncer le sexisme et les abus sexuels dans l'enseignement supérieur.

Originaire de Valparaíso, capitale culturelle du Chili, le collectif Las Tesis crée des performances pour traduire dans un langage artistique des thèses et travaux d'universitaires féministes – d'où le choix du nom Las tesis, « les thèses » en espagnol. Pour faire passer leurs messages, elles mêlent chorégraphie et chant et revendiquent l'effet perturbateur de leur « artivisme », ou militantisme par l'art. « *Prendre conscience que notre corps est un territoire d'oppression, d'exploitation, est très marquant. Il faut se le réapproprier, le transformer en outil de lutte et de résistance via le langage artistique, qui est d'une grande puissance* », souligne Sibila Sotomayor Van Rysseghem, actrice née en Belgique de parents exilés politiques. « *Les revendications en faveur des droits des femmes ne doivent pas seulement s'exprimer par la parole, l'art a la capacité de toucher et d'ouvrir les consciences d'une autre manière* », estime-t-elle. Pour Lissell Quiroz, maîtresse de conférences à l'université de Cergy-Pontoise, dont les travaux récents portent sur l'histoire du féminisme, la maternité et la santé infantile en Amérique latine, « *Las Tesis s'inscrivent dans un répertoire d'action qu'on observe depuis le début des années 2000, notamment dans le rap, le reggaeton et dans des batucadas féministes, au Chili, mais aussi en Colombie et au Brésil. Elles montrent à quel point l'artivisme a pris une place centrale dans les mobilisations féministes aujourd'hui.* »

« PRENDRE CONSCIENCE QUE NOTRE CORPS EST UN TERRITOIRE D'OPPRESSION, D'EXPLOITATION, EST TRÈS MARQUANT. IL FAUT SE LE RÉAPPROPRIER, LE TRANSFORMER EN OUTIL DE LUTTE ET DE RÉSISTANCE VIA LE LANGAGE ARTISTIQUE, QUI EST D'UNE GRANDE PUISSANCE »

Sibila Sotomayor Van Rysseghem, cofondatrice de Las Tesis

TRANSCENDER LA THÉORIE

Pour concevoir le texte et la chorégraphie de *Un violador en tu camino*, le quatuor s'est inspiré des travaux de l'intellectuelle de renom Rita Laura Segato[1]. Cette anthropologue argentino-brésilienne considère les violences sexuelles comme un message asséné aux femmes : elles doivent se soumettre au patriarcat. *« Le crime sexuel est un crime de pouvoir, de domination, de punition »*, affirmait Rita Laura Segato dans une interview accordée en 2017 au journal espagnol *La Vanguardia*. *« Ce que la société a beaucoup de mal à comprendre, c'est que le viol n'est pas un acte utilitaire, ce n'est pas le vol d'un service sexuel. Des femmes de 70 à 80 ans sont violées. [...] Il ne s'agit pas d'un désir sexuel, mais d'un désir de domination, de pouvoir. [...] L'intérêt du violeur réside dans sa puissance et la démonstration de cette puissance devant d'autres hommes, pour acquérir le qualificatif de "vrai homme" à leurs yeux. »*

Lorsqu'elle a aperçu la vidéo de la performance sur les réseaux sociaux, Rita Laura Segato y a reconnu ses *« idées sur le pouvoir, la violence, l'État »*. *« Tout était là*, a-t-elle confié dans une interview accordée *au Monde* en janvier 2020. *J'en ai été très émue. Mon travail d'analyse de la violence faite aux femmes est universitaire, j'y ai consacré plus de vingt-cinq années de recherches. Transcender le champ théorique et voir son sujet d'étude devenir populaire, c'est ce qui peut arriver de mieux. »*

À l'automne 2019, le Chili a connu un mouvement social sans précédent depuis la fin de la dictature d'Augusto Pinochet en 1990. Une part considérable de la population s'est soulevée contre les inégalités criantes qui entravent le pays, notamment en matière d'accès aux soins et à l'éducation. Le féminisme et la lutte des peuples autochtones y ont largement été représentés. Cet *estallido social* (soulèvement social) a été violemment réprimé et a entraîné la mort de 31 personnes, des milliers de blessé·es et près de 12 000 arrestations entre octobre 2019 et octobre 2020, selon les chiffres de l'Institut national des droits humains (INDH), un organisme public indépendant.

1. Elle développe cette thèse dans son ouvrage *La guerra contra las mujeres*, éditorial Traficantes de Sueños, 2016.

De gauche à droite : les quatre fondatrices de Las Tesis, Lea Cáceres Díaz, Dafne Valdés Vargas, Paula Cometa Stange et Sibila Sotomayor Van Rysseghem exécutant leur performance *« Un violador en tu camino »*, à Santiago, au Chili, le 19 décembre 2019.

En haut:
Rassemblement féministe, Santiago, Chili, 8 mars 2020.
© ELISA TORRES OLAVE

À gauche:
Rassemblement féministe, Santiago, Chili, 29 novembre 2019.
© CATERINA MUÑOZ RAMÍREZ

VIOLENCES INSTITUTIONNALISÉES

C'est dans ce contexte de soulèvement populaire que le collectif Las Tesis a été sollicité par une compagnie de théâtre de rue de Valparaíso pour prendre part à une manifestation culturelle. *« Nous avons décidé de sortir cette chanson sans attendre. Mais* Un violador en tu camino *était à l'origine destinée à faire partie d'une œuvre théâtrale sur le thème du viol »*, précise l'une des quatre cofondatrices, Paula Cometa Stange.

« Sortir cette chanson était une nécessité. Nous devions prendre part, par le biais de notre création artistique, au mouvement général exceptionnel qui animait alors les habitants et les rues de notre ville », se souvient Dafne Valdés Vargas. *« C'était notre réponse aux violences sexuelles commises par les forces de l'ordre chiliennes dès les premiers jours du mouvement social »*, complète Sibila Sotomayor Van Rysseghem. *« Dans ses textes, Rita Segato explique que le problème vient non seulement de ceux qui commettent ces viols, mais aussi de systèmes judiciaires inadaptés, qui infligent de faibles peines, ou encore des médias, qui désignent parfois la victime comme responsable, pour être sortie de chez elle et avoir porté tel ou tel vêtement. C'est comme si la société entière permettait que ces viols aient lieu, quotidiennement. Et c'est cela que nous souhaitions dénoncer. »* D'où ces paroles : *« Le violeur c'est toi. Ce sont les policiers, les juges, l'État, le président. L'État oppresseur est un mâle violeur. »*

Un mois seulement après l'éclatement de la révolte sociale, l'Institut national des droits humains (INDH) dénonce 58 agressions à caractère sexuel commises par des membres des forces de l'ordre chiliennes durant les dix premiers jours des manifestations, dont 40 à l'encontre de femmes[2]. Des agressions qui n'ont rien de nouveau. *« Durant le régime militaire d'Augusto Pinochet (1973-1990) et en particulier au cours des cinq premières années, la répression fut très importante vis-à-vis des mouvements de la gauche chilienne, en particulier envers les femmes qui étaient engagées en politique, à l'université, dans des associations de quartier, et avaient soutenu Salvador Allende. À Santiago, des dizaines de dissidentes politiques ont été torturées, violées et parfois tuées dans le stade national »*, rappelle l'historienne Lissell Quiroz.

Pour Las Tesis, dénoncer ces violences est une priorité : *« Nous voulons montrer aux pays qui nous observent le poids écrasant des violences policières au Chili, à quel point les droits humains sont bafoués. Les forces armées de ce pays nous violent, nous assassinent ! Il est temps de faire tomber le voile qui cache cela, c'est une honte ! »*, assène avec vigueur Lea Cáceres Díaz. *« L'État dans son ensemble invisibilise les femmes et reproduit les violences à leur encontre, c'est bien pour cela que la police chilienne est visée dans les paroles de Un violador en tu camino »*, explique Lorena Fries Monleón, avocate chilienne spécialiste des droits humains et ancienne secrétaire adjointe aux Droits humains sous la présidence de Michelle Bachelet. *« La police est censée protéger mais, dans le cas des femmes, elle fait le contraire »*, souligne-t-elle.

CENSURE ET PERSÉCUTIONS

S'élever contre une institution expose aux représailles. En mai 2020, le collectif Las Tesis se filme devant le commissariat central de Valparaíso lors d'une nouvelle performance, en collaboration avec les Pussy Riot. Silencieuses, elles se tiennent droites, vêtues de leur combinaison rouge, arborant masque ou cagoule. Avant de poster la vidéo en ligne, elles ajoutent une voix off : *« Tous les flics sont des assassins [...] Ils nous persécutent, bloquent les sorties de nos maisons, provoquent, s'infiltrent en manifestants et commencent à tout brûler. Ils défilent armés dans nos rues. Ils lancent des gaz, frappent, torturent, violent, détruisent, nous rendent aveugles [...] Le gouvernement n'écoute pas et continue de les armer. »* Suite à cela, une plainte pour incitation à la violence est déposée par des membres de la police chilienne à l'encontre de Las Tesis. *« Comme d'autres collectifs artistiques, nous subissons la censure, les persécutions. Nous subissons également beaucoup de violence sur Internet, de la part de "haters" et s'y ajoute cette procédure judiciaire en cours, à la suite des plaintes de policiers à notre encontre »*, déplore Dafne Valdés Vargas. *« Nous devons constamment lutter contre la peur, que l'on cherche à engendrer chez nous par des actions d'intimidations »*, confirme Sibila Sotomayor Van Rysseghem.

2. Dans un communiqué diffusé le 15 novembre 2019 et intitulé *« A un mes del inicio de movilizaciones, INDH suma 345 querellas interpuestas contra agentes del Estado »*.

LE 4 DÉCEMBRE 2019, 10 000 FEMMES, DONT CERTAINES ÂGÉES DE PLUS DE 80 ANS, SCANDENT LA CHANSON D'UNE SEULE VOIX DEVANT LE STADE NATIONAL DE SANTIAGO, LIEU DE TORTURES ET DE VIOLS DURANT LA DICTATURE D'AUGUSTO PINOCHET.

Dès la fin de l'année 2019, la performance *Un violador en tu camino* s'est propagée comme une traînée de poudre. À leur retour de Santiago, le collectif invite les féministes du Chili et du monde entier à se l'approprier. Succès immédiat. Les vidéos deviennent virales. Dans les jours et semaines qui suivent, des milliers de femmes dans le monde entonnent à leur tour *Un violador en tu camino*. La performance est répliquée à Paris, Bruxelles, Montréal, Istanbul, Beyrouth, Tel Aviv, Delhi, Tokyo, New York, Mexico, Melbourne, Nairobi, etc. Le 4 décembre 2019, 10 000 femmes, dont certaines âgées de plus de 80 ans, scandent la chanson d'une seule voix devant le stade national de Santiago, lieu de tortures et de viols durant la dictature d'Augusto Pinochet. La ferveur qui s'en dégage est d'une émotion rare.

Une carte interactive open source référence les lieux où a été reprise la performance et permet de se rendre compte de l'écho planétaire que Las Tesis a suscité. « *Elles ont réussi à synthétiser l'émotion ressentie par toutes les femmes face à l'invisibilisation des violences liées au genre. Las Tesis est le symbole de toutes ces femmes qui ont essayé de lutter pour que l'État écoute et soit à l'initiative d'un changement* », remarque l'avocate Lorena Fries Monleón. Lors des performances, le collectif incite chacune à venir vêtue de ce qu'elle aime et entend inclure toutes les femmes, quels que soient leur âge, leur orientation sexuelle ou leur éventuel handicap. « *Ces artistes veulent un mouvement inclusif et je pense que cette performance a permis à de nombreuses femmes de se sentir représentées, d'où aussi un tel succès mondial* », constate Lissell Quiroz.

« *Nous avons conçu* Un violador en tu camino *pour prendre part au mouvement social chilien. Nous ne pensions pas que cela pourrait dépasser la cordillère des Andes. Mais le sentiment de subir des violences liées au genre n'est pas propre au Chili, c'est un phénomène mondial et c'est pour cela que la chanson a dépassé les frontières* », analyse Paula Cometa Stange. Les violences physiques ou sexuelles sont un problème de santé publique qui touche plus d'un tiers des femmes dans le monde, selon un rapport publié en 2013 par l'Organisation mondiale de la santé. Le tour de force réussi par Las Tesis a été de rendre visible et concret l'un des aspects de ce problème planétaire : la culture du viol, soit l'environnement social qui permet de normaliser et de justifier la violence sexuelle et parfois institutionnelle.

BANDEAU NOIR

Associée à un beat percutant, la chorégraphie contribue aussi au succès de la performance. « *Les génuflexions font écho à celles qui ont été imposées aux femmes arrêtées durant des manifestations, obligées de se dénuder et de faire des génuflexions humiliantes. De nombreuses jeunes femmes ont été victimes de pratiques dégradantes de ce type dans les commissariats ces dernières années* », explique l'avocate Lorena Fries Monleón. « *Les génuflexions avec les mains posées sur la nuque étaient infligées aux prisonniers politiques en 1973, on le voit sur des photos de l'époque* », rappelle aussi Lissell Quiroz.

Le bandeau noir sur les yeux fait référence à celui apposé sur le visage des femmes violées durant la dictature afin qu'elles ne puissent pas reconnaître leurs agresseurs. La vue ôtée rappelle aussi les 468 personnes éborgnées par les tirs de policiers et de militaires durant le récent mouvement social. Enfin, pour Lissell Quiroz, « *ce bandeau symbolise l'aveuglement d'une partie de la société face aux violences sexuelles* ». Le doigt pointé en avant lorsque sont prononcés les mots « *le violeur c'est toi* » émet une accusation. « *C'est la première fois que ce doigt pointe dans ce sens,* estime Rita Laura Segato. *Jusqu'alors, il était toujours dirigé vers les femmes, sous l'œil du public masculin. Soudain, partout dans le monde, une multitude de femmes changent cela. C'est un geste très fort.* »

La performance s'inscrit dans une tradition de militantisme musical au Chili. De Violeta Parra et Víctor Jara dans les années 1960 jusqu'à la franco-chilienne Ana Tijoux ou à l'américano-chilien Nicolas Jaar aujourd'hui, la création musicale du pays se démarque en s'engageant socialement. Le titre *El baile de los que sobran* chanté par Los Prisioneros dans les années 1980 est devenu un hymne atemporel lorsqu'il s'agit de dénoncer les inégalités en Amérique latine. *Un violador en tu camino* fait également écho à *Antipatriarca*, la chanson sortie en 2014 dans lequel Ana Tijoux dénonce le patriarcat en Amérique latine. Au cours des dix dernières années au Chili, plus de 500 femmes ont été assassinées par des hommes. Une moyenne de 50 par an pour un pays d'à peine plus de 18 millions d'habitants. En 2021 encore, nombreuses sont les Chiliennes à avoir peur de se rendre seule dans un commissariat.

UNE NOUVELLE CONSTITUTION ÉCRITE EN PARITÉ

Le 25 octobre 2020, un événement historique pour le Chili est venu insuffler un nouvel espoir au sein des groupes militants. Les citoyen·nes ont approuvé à 78 % des voix exprimées un changement de Constitution. Ce référendum est le résultat du mouvement social débuté en octobre 2019. Chiliennes et Chiliens décident ainsi de tourner le dos à la Constitution adoptée en 1980 durant la dictature du général Augusto Pinochet (1973-1990), considérée comme un obstacle à l'égalité entre les citoyen·nes. Les constitutionnalistes elles et eux-mêmes s'accordent à dire que le texte avait été rédigé de sorte que les franges conservatrices de la société puissent se maintenir au pouvoir, y compris après la fin de la dictature. Ce vote historique a eu lieu un an, jour pour jour, après la manifestation contre les inégalités qui avait réuni 1,2 million de personnes à Santiago et avait marqué un tournant dans le mouvement social.

Pour l'avocate Lorena Fries Monleón, « *changer de Constitution est primordial ; celle de 1980 reflète le modèle patriarcal appliqué sous la dictature. Malgré les avancées obtenues, nous sommes, nous les Chiliennes, les plus en retard du continent sur le plan des droits des femmes. Le Chili est le seul pays de la zone latine où une constitution rédigée en grande majorité par des hommes continue d'être appliquée.* » De leur côté, les membres de Las Tesis souhaitent que la nouvelle Constitution adopte un point de vue féministe et que les politiques publiques aillent vers la légalisation de l'avortement et vers une éducation non genrée et non sexiste. Le futur texte sera rédigé par des élu·es issu·es de la société civile, parmi lesquel·les obligatoirement 45 % à 55 % de femmes. Le Chili sera ainsi le premier pays au monde à rédiger une Constitution en parité. Pour l'heure, un long processus démocratique s'est enclenché. Le projet de Constitution qui en ressortira sera soumis à référendum en 2022. Nul doute que les féministes chiliennes n'ont pas fini de donner de la voix. ●

Rassemblement féministe, Santiago, Chili, 8 mars 2020.
© ELISA TORRES OLAVE

POUR ALLER + LOIN LAS TESIS

CHANT

UN VIOLEUR SUR TON CHEMIN

Les paroles en français

Le patriarcat est un juge
qui nous juge parce que nous
sommes nées femmes
Et notre châtiment est la violence
que tu ne vois pas
Le patriarcat est un juge
qui nous juge depuis la naissance
Et notre châtiment est cette
violence que tu vois
Ce sont les féminicides, l'impunité
des assassins,
C'est la disparition, c'est le viol.
Et ce n'était pas ma faute,
ni l'endroit où je me trouvais,
ni comment j'étais habillée.
Le violeur c'était toi
Le violeur c'est toi
Ce sont les policiers, les juges,
l'État, le président
L'État oppresseur est un mâle
violeur (bis)
Le violeur c'était toi
Le violeur c'est toi.
Dors tranquille petite fille innocente,
Sans te préoccuper du bandit.
Ton cher carabinier,
Veille sur ton sommeil doux
et souriant.
Le violeur c'était toi
Le violeur c'est toi
Le violeur c'était toi
Le violeur c'est toi

WEB-SÉRIE

CHILENAS EN LUCHA

La web-série sur le féminisme chilien

Les mouvements féministes se sont fortement renforcés ces dernières années au Chili. Pour découvrir de l'intérieur le combat de ces femmes, une web-série intitulée *Chilenas en lucha* (*Chiliennes en lutte*), réalisée par une équipe franco-chilienne, donne exclusivement la parole à des femmes chiliennes: victimes de violence, activistes, femmes de la société civile, avocates, politiques.

Résultat de plusieurs mois d'investigations, le documentaire est décliné en trois volets d'une vingtaine de minutes chacun, au cours desquels alternent réactions à chaud sur le terrain pendant les manifestations et entretiens.

© NICOLAS MARGERAND

PERFORMANCE

2 000

C'est le nombre de femmes qui se sont rassemblées le 25 novembre 2020, sur la Plaza Italia dans le centre de Santiago du Chili à l'initiative du collectif Las Tesis. Ensemble, elles ont chanté *Un violador en tu camino*, un an après l'une des toutes premières performances du collectif. Les manifestantes sont parvenues à chanter une fois les paroles de la chanson avant que la police n'intervienne et évacue la place à coups de lances à eau. Cette manifestation fait partie d'un mouvement national plus global de contestation réclamant la démission du président conservateur Sebastián Piñera depuis la victoire du référendum sur la Constitution le 25 octobre dernier.

CONTEXTE

VIOLENCES SEXUELLES

Le mouvement social qui a secoué le Chili à la fin de l'année 2019 s'est accompagné de nombreuses violences sexuelles commises par les carabiniers – la police chilienne – et par l'armée. Après le mouvement social, 158 plaintes pour agressions sexuelles, incluant des cas de déshabillages, d'attouchements, de menaces, d'insultes et quatre viols, ont ainsi été transmises à la justice par l'Institut national des droits humains (INDH) du Chili. Les manifestant·es dénoncent des humiliations systématiques: obligation de se déshabiller, interdiction de remettre des sous-vêtements quand elles ont leurs règles. La communauté LGBT a été particulièrement ciblée par ces violences. Le Mouvement d'intégration et de libération homosexuel (Movilh) a dénoncé plusieurs viols commis par les représentants des forces de l'ordre sur des manifestant·es homosexuel·les. Au cours de ce mouvement social, le plus important au Chili en trois décennies, 22 personnes ont été tuées et plus de 2000 blessées. Des violations des droits humains sans précédent depuis la dictature militaire de Pinochet (1973-1990).

MARTIN PAGE

Pourquoi je ne suis pas féministe

Comme certains hommes depuis le lancement du mouvement #MeToo, l'écrivain Martin Page s'interroge sur ses privilèges masculins et serait même prêt à se revendiquer féministe. Mais ne serait-ce pas aussi une manière de s'approprier des siècles de lutte ?

Il y a quelques mois, j'étais invité dans une librairie pour la sortie d'un de mes livres. La soirée se passe bien, le public est chaleureux et joyeux. Le lendemain, sur un réseau social, une femme raconte la soirée de son point de vue, en faisant remarquer que j'ai plusieurs fois interrompu la libraire, et ça l'a énervée. Ma première réaction a été de me dire: « Je fais ça avec tout le monde, j'ai l'esprit d'escalier, donc je parle de manière désordonnée. » J'ai finalement compris que ce n'était pas vrai, j'ai surtout parlé comme un mec: fort, avec aplomb et en prenant beaucoup de place. Rien à voir avec mon caractère et mes angoisses, j'ai un rapport à la langue et à la prise de parole en public qui tient au fait que je suis un homme. Ce soir-là, j'ai été décevant d'une manière bien masculine: en étant content de moi.

Il serait illusoire de croire que les hommes engagés contre le sexisme sont débarrassés de pensées et comportements misogynes. Les bonnes intentions sont rattrapées par la force et la profondeur d'une socialisation inégalitaire en notre faveur. Nous restons des dominants.

UNE VARIATION PERVERSE DE LA DOMINATION MASCULINE

Un homme élevé dans une société patriarcale jouit de privilèges inhérents à son genre. J'ai beau y être opposé, peu importe: j'en profite pleinement. Jamais mon vécu ne sera celui d'une femme qui subit la domination masculine. Impossible d'être égaux dans le combat politique tant que nous ne sommes pas égaux socialement.

Quand des hommes osent se prétendre féministes, ils s'approprient des siècles de lutte et de pensée, sans que ça ne leur coûte rien. Ils en tirent un bénéfice tout en conservant leurs privilèges et en continuant à avoir des comportements sexistes sans doute plus discrets. Soyons clair: les hommes ne sont et ne peuvent pas être féministes. Pire encore: nous avons du mal à être de simples alliés. Il suffit d'écouter les militantes, le machisme et les agressions sexuelles sont omniprésentes dans les milieux progressistes et révolutionnaires.

Affirmer qu'en tant qu'hommes nous pouvons être féministes ajoute à la domination masculine une variation perverse, c'est un moyen de valoriser notre ego et de nous déculpabiliser. En réalité, lutter pour un monde plus juste entre femmes et hommes signifie que nous devrons perdre privilèges et avantages. Notre position est complexe et sans solution car nous jouissons de ce contre quoi nous luttons. C'est pourquoi nous serons toujours des alliés décevants. À nous de reconnaître que nous ne sommes pas de purs chevaliers. Acceptons surtout que l'on ne nous fasse pas confiance a priori. Soyons modestes dans la publicité de notre engagement et humbles quant à sa réalité. La fin du patriarcat sera une victoire des femmes, pas des individus qui bénéficient de cette domination, aussi bien intentionnés soient-ils.

ÊTRE DES COMPLICES DAVANTAGE QUE DES ALLIÉS

Que nous soyons de toute façon imparfaits n'est pas un prétexte pour justifier l'inaction. Il nous revient de parler aux hommes de notre entourage et de casser la logique de la solidarité masculine, d'éduquer autrement nos enfants, d'écouter les femmes, de reconnaître quand nous nous plantons et quand nous sommes oppressifs. La misogynie étant une oppression structurelle, contribuons à changer ces structures : finançons les associations féministes, les revues, donnons de l'argent, votons, prenons part aux manifestations et, pour reprendre un concept du collectif anticolonial et anticapitaliste *Indigenious Action* (qui travaille à fournir des stratégies de communication et d'action pour soutenir les droits des personnes indigènes), ayons un rôle de complices davantage que d'alliés. Si nous avons des métiers qui nous offrent la possibilité d'agir à une plus grande échelle, allons-y.

En tant qu'éditeur·ices, ma compagne Coline Pierré et moi-même, avons voulu publier des textes engagés pour parler haut et fort. Nous mettons notamment en lumière les idées féministes sur le salaire ménager, la non-mixité et les discours iconoclastes sur, par exemple, la misandrie ou le lesbianisme politique. Nous lisons et citons les penseuses et activistes, et reconnaissons que ce sont elles qui nous apprennent tout.

Pour ce texte, j'ai une dette à l'égard de Monique Wittig, Françoise Vergès, Virginie Despentes, Kaoutar Harchi, Maïa Mazaurette, bell hooks, Audre Lorde, Amandine Gay, Manon Garcia, Hannah Gadsby, et tant d'autres. Dette aussi à l'égard de Coline Pierré, qui en a été la relectrice.

D'ailleurs, Coline pense, contrairement à moi, qu'il y a un intérêt stratégique à ce que les hommes utilisent le mot féministe pour eux-mêmes. Pour elle, cela permet de normaliser le concept et le combat. Nos points de vue ne s'excluent pas, ils donnent à voir la complexité de ces questions. Je crois qu'en tant qu'homme il faut surtout que j'apprenne à me taire et à ne pas essayer de convaincre des femmes qui ne partagent pas mes pensées. Se taire doit être une éthique masculine et un geste politique dans le combat pour la justice entre les femmes et les hommes. ●

Martin Page est écrivain. Il est notamment l'auteur de *Au-delà de la pénétration*.
En 2015, avec sa compagne Coline Pierré, il a créé Monstrograph, une maison de micro-édition expérimentale et engagée.

Libérées, délivrées, les héroïnes de séries animées ?

TEXTE
Mélanie Lallet
ILLUSTRATIONS
Émilie Gleason

Du *Manège enchanté* à *Totally Spies !*, la sociologue des médias Mélanie Lallet a étudié cinquante ans de séries d'animation. Même si la télévision reste encore un espace traversé de stéréotypes de genre, l'émergence du *girl power* au début des années 2000 a permis, selon elle, à des personnages féminins de prendre leur place sur le petit écran.

Travailler sur les dessins animés à l'université ? Quelle idée ! C'est ce que j'ai décidé de faire il y a près de dix ans. En 2011, alors étudiante en master, je lis *La Société et son Double. Une journée ordinaire de télévision*, (Armand Colin/INA, 2006). Son auteur, Éric Macé, s'est livré à une expérience étonnante : décrire à la manière d'un ethnologue une journée de programmes à la télévision française. Il souligne notamment à quel point les hommes y sont peu nombreux à prendre en charge les tâches domestiques. Dans cette «*journée ordinaire de télévision*», j'ai la surprise de croiser une vieille connaissance : Candy des *Zinzins de l'espace*, ce drôle d'extraterrestre vert et chauve, maniaque du ménage, qui compte parmi les cinq personnages principaux de la série animée diffusée sur France 3 à partir de la fin des années 1990. «*Si par extraordinaire on trouve néanmoins quelques individus masculins en train de faire le ménage ou la lessive en situation ordinaire, ce ne peut pas vraiment être des hommes*», écrit Éric Macé à propos de Candy.

Au fil des épisodes, ce personnage dévoile toutefois un certain potentiel pour déconstruire les normes de genre. Certes, Candy s'adonne avec obsession aux tâches ménagères, mais l'extraterrestre se transforme aussi régulièrement en femme humaine pour échapper aux regards indiscrets des Terriens qui peuplent la série. Il tombe aussi parfois sous le charme des locataires masculins de passage dans la maison abandonnée où il s'est réfugié avec ses camarades. Ces représentations font de lui l'un des seuls personnages de série animée française que l'on peut interpréter comme un personnage trans et/ou homosexuel. Pour partir en quête de ces ambivalences et des changements sociaux dont les dessins animés français pourraient être porteurs, j'ai amorcé un travail d'analyse des représentations de genre dans ces objets de l'enfance, de l'époque où ils ont émergé, jusqu'à aujourd'hui.

GARÇONS TURBULENTS, FILLES SAGES

Dans mon livre *Libérées, délivrées ? Rapports de pouvoir animés*[1] (INA Éditions, 2020), j'étudie 56 productions phares des années 1950 à nos jours. La question que je me suis posée n'est pas tant celle de l'influence des représentations de genre figurant dans les dessins animés, que celle de leur évolution vers des modèles plus équitables, où le masculin ne l'emporterait pas nécessairement sur le féminin. Dans l'ensemble, on observe une progression vers l'égalité, certains programmes ayant su faire davantage de place aux figures féminines et aller à l'encontre des stéréotypes. Mais de nombreux dessins animés continuent tout de même à reconduire des stéréotypes de genre et une sous-représentation significative des personnages féminins, à l'image de ce que l'on observe dans les autres médias.

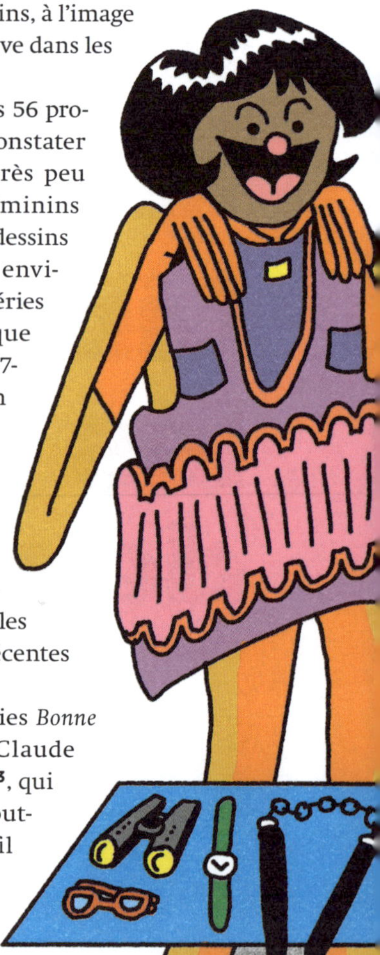

En analysant ces 56 productions, j'ai pu constater que l'on compte très peu de personnages féminins dans les premiers dessins animés français : environ 18 % dans les séries diffusées à l'époque de l'ORTF entre 1957-1974[2]. La situation ne s'améliore pas mécaniquement à mesure que l'on avance dans le temps. Les inégalités de genre s'accentuent parfois dans les versions les plus récentes de certaines séries.

Les célèbres séries *Bonne nuit les petits* de Claude Laydu par exemple[3], qui s'adressent aux tout-petits, dérivent au fil des années d'une vision égalitaire de Mirabelle et Petit Louis (les

1. Issu d'une recherche doctorale menée entre 2012 et 2017.

2. Pourcentage tiré de ma thèse «Le féminin dans les séries animées françaises pour enfants. Le genre joué et déjoué par les personnages d'animation».

3. *Bonne nuit*, 1962-1963, 1re chaîne de la RTF ; *Bonne nuit les petits*, 1963-1973, 1re chaîne de la RTF/ ORTF et *Bonne nuit les petits*, 1995-1997, France 2.

ancêtres de Nicolas et Pimprenelle), vers une vision différenciée et inégalitaire de ces personnages enfants. Tandis que Mirabelle et Petit Louis partagent les mêmes jeux et font les mêmes bêtises, Nicolas s'allie au fil du temps à l'ourson Oscar pour embêter la sage Pimprenelle. Dans la série de 1995, les bêtises des garçons sont récurrentes et présentées comme allant de soi. *« Je fais des bêtises ! Je casse tout ! »* chantent gaiement Nicolas et Oscar dans l'épisode 33. Si exceptionnellement Pimprenelle fait des bêtises, c'est en réalité qu'elle essaie de donner une leçon de bonne conduite aux garçons. Et lorsque *« les hommes font le ménage »*, selon les mots de Pimprenelle, c'est en fait qu'ils font des bêtises, détruisant tout dans la maison (épisode 107). Ce traitement différencié du féminin et du masculin dans les années 1990, exacerbé par l'utilisation des couleurs rose et bleu, n'est pas propre aux dessins animés. Il s'observe plus fortement encore dans l'univers du jouet, où il est à mettre en lien avec l'émergence du « marketing genré » qui assigne aux enfants des univers très différents en fonction de leur sexe.

BETTY, GARDIENNE GALACTIQUE

Les identités féminines et masculines mises en scène dans les programmes jeunesse se diversifient plus fortement à partir des années 2000. La proportion de personnages féminins à l'écran passe de 18 % entre 1957 et 1974 à 31 % entre 2005 et 2014, période marquée par l'arrivée de la TNT et de la chaîne Gulli, « la chaîne préférée des enfants… gentils », selon le slogan de la campagne de communication de l'été 2020. Ce chiffre reste faible, mais légèrement plus élevé que dans les autres médias. Grâce à l'humour, le studio Xilam brise le tabou de l'homosexualité et impose un personnage affranchi d'une vision binaire des genres avec l'apparition de Candy dans *Les Zinzins de l'espace*. Les années 2000 marquent surtout l'émergence dans les programmes de télévision, d'une forme de *girl power* (pouvoir féminin en français), ce mouvement culturel inspiré du féminisme qui consiste essentiellement à mettre en avant les figures féminines. L'expression est reprise telle quelle par la chaîne Gulli, qui diffuse à partir de 2011 une tranche spécifique intitulée « Girl Power », dans laquelle elle programme des dessins animés français et internationaux qui mettent en avant des personnages féminins forts. Du côté des programmes français diffusés dans cette tranche, on trouve le personnage de Betty, superhéroïne et gardienne galactique de la série *Atomic Betty* ; ou encore Rosie, forte tête de la série éponyme, qui évoque le personnage de Mafalda et l'esprit des *comic strips*.

Sur diverses chaînes, les évolutions les plus radicales arrivent par des créations originales qui s'appuient sur des héroïnes combatives, comme *Totally Spies !*, diffusée pour la première fois sur TF1 à partir de 2002. La série surfe également sur la vague *girl power* avec son trio 100 % féminin, à la manière des chanteuses du groupe anglais Spice Girls, qui ont contribué à populariser ce mouvement. *Totally Spies !* ouvre ainsi la voie aux héroïnes dans les séries françaises et marque un tournant en s'imposant comme l'un des plus gros succès français de ces dernières années. Les héroïnes de la série, Sam, Clover et Alex, sont à la fois

des lycéennes passionnées de mode et des enquêtrices hors pair, alliant leurs gadgets à leurs talents en arts martiaux pour protéger la planète. Souvent décriée, notamment dans la presse pour son côté *girly*, la série a le mérite d'imposer des personnages féminins de premier plan et traite le plus souvent les clichés genrés avec beaucoup de dérision.

Ainsi, tout au long de la série, la douce et blonde Clover tombe amoureuse *« plus souvent qu'elle fait les soldes »*, selon les mots de Sam (épisode 1). Mais dans l'épisode 49, intitulé *Le Garçon parfait*, Clover sauve ses amies de l'emprise d'un jeune homme qui a mis au point une machine lui permettant de changer d'apparence et de personnalité pour correspondre à l'idéal masculin de chacune. Elle les met en garde contre cet amour aveugle et inconditionnel qui les conduit à rêver de mariage et à vouloir abandonner leurs études : *« Quoi ? Mais qu'est-ce qui vous est arrivé à toutes les deux ? On ne tombe pas amoureuse comme ça dès le premier regard ! »* Une critique nuancée de cette série, rapportée aux autres dessins animés français, permet de lui reconnaître un caractère pionnier en

« Quoi ? Mais qu'est-ce qui vous est arrivé à toutes les deux ? On ne tombe pas amoureuse comme ça dès le premier regard ! »

Clover, dans *Totally Spies !*

même temps que certaines imperfections à l'égard des stéréotypes féminins. La dérision qui la caractérise empêche de prendre au premier degré les clichés genrés, sans que l'on sente une véritable tentative pour les dépasser.

Après le *girl power* des années 2000, on voit pourtant poindre quelques nuages. En s'intéressant au phénomène de l'adaptation et de la reprise – lorsqu'une série fait l'objet d'une nouvelle réalisation – on constate que les bonnes idées allant à l'encontre des stéréotypes ne sont pas toujours entérinées d'une version à l'autre. Le recours massif à l'adaptation et la reprise freinent même plutôt les progrès en matière d'égalité. L'effet «0%» obtenu sur le plan quantitatif dans mon travail de recherche le montre d'une façon très parlante: ce chiffre correspond au pourcentage de «progression» des personnages féminins entre une version et sa reprise dans les dessins animés que j'ai étudiés (+0,0235% exactement!). Certains programmes font clairement les frais des changements d'équipe et de la tendance des professionnel·les à se référer à leur expérience personnelle de parents ou d'anciens enfants pour créer des contenus, plutôt qu'à développer des réflexions critiques concernant les représentations des différents groupes sociaux.

LA FORCE ROSE ET LA SCHTROUMPFETTE

Prenons l'exemple des séries *T'Choupi*. Les changements d'équipe ont conduit au retour de représentations de genre stéréotypées absentes de la première version et au blanchiment du personnage de Lalou, dont le réalisateur Jean-Luc François avait pourtant fait un personnage métis marquant dans *T'Choupi et Doudou* (1999, Canal J) – le réalisateur étant lui-même père d'une petite fille métisse. La première série montrait une belle harmonie entre Lalou et T'Choupi, c'est ainsi elle qui lui apprend à monter à cheval et à surmonter sa peur dans l'épisode 63, *T'Choupi fait du poney*. Mais la jeune fille est mise en compétition avec son copain Pilou dans *T'Choupi et ses amis* (TiJi, 2008), qui rechigne à partager T'Choupi et ne veut pas jouer à des jeux «de fille» (épisode 32, *La Cabane des copains*). Autre exemple, la série *SpieZ! Nouvelle Génération*, dérivée de *Totally Spies!*, démolit complètement toutes les innovations apportées par son aînée en revenant à un modèle plus classique de série d'espionnage. Megan, toute de rose vêtue, est désormais le seul personnage féminin présent dans le quatuor d'agents secrets. Toujours à la traîne par rapport à ses frères (qui sont aussi ses coéquipiers) et objet de leurs sarcasmes, elle est systématiquement réduite à son statut de fille et mise en position d'infériorité symbolique et numérique.

Un personnage féminin incarne la touche *girly* destinée à satisfaire les quotas et l'audience féminine

Cette configuration de la série d'action-aventure, dans laquelle un personnage féminin (rarement deux) apparaît vêtu de rose aux côtés d'un cortège de héros masculins, est calquée sur le modèle des séries comme *Bioman* ou *Power Rangers*, dont une nouvelle version est actuellement diffusée sur Gulli. Ouvrons le catalogue TV de la rentrée jeunesse 2020: ce modèle est si récurrent qu'on pourrait le qualifier de «syndrome de Force Rose», une expression que j'invente ici en référence au personnage du même nom, et «au syndrome de la Schtroumpfette», un concept popularisé sur Internet pour désigner les fictions comportant un unique personnage féminin. Que ce soit dans la série britannique *Ricky Zoom*, dans la célèbre série canadienne *Paw Patrol*, ou encore dans la nouvelle série française *Ghost Force*, mises en avant sur les chaînes de télévision françaises, un personnage féminin incarne la touche *girly* destinée à satisfaire les quotas et l'audience féminine. Bien sûr, il faudrait aller au-delà des apparences pour étudier les représentations offertes par ces différents programmes qui ne sont certainement pas identiques, mais l'omniprésence du modèle frappe. Pendant ce temps, la série *Les Culottées* (2020), adaptée de l'œuvre de Pénélope Bagieu représente ce qu'il y a de plus prometteur en matière de dessin animé français. En portant à l'écran les thématiques du féminisme contemporain, elle relève le défi de s'adresser aux enfants comme aux adultes. ●

3 films d'animation qui questionnent le genre

Par Marion Pillas

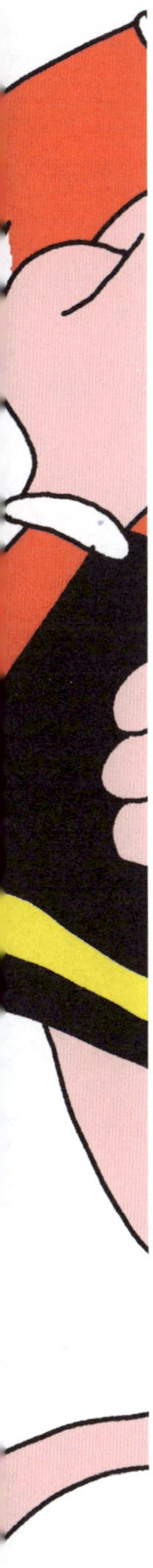

Le plus récent : *Calamity*

Le jour où elle enfile un pantalon et prend les rênes de la roulotte familiale, Martha Jane Canary provoque le scandale dans la petite communauté de pionniers de la conquête de l'Ouest, à laquelle sa famille appartient. Calamity a 10 ans et ne revendique rien d'autre que de pouvoir faire comme les garçons. Ce film d'animation, beau comme une peinture impressionniste, revisite la légende de Calamity Jane en mettant l'accent sur la condition des femmes dans l'Amérique du XIXe siècle.

Maybe Movies, 2020

Le plus déconstruit : *Ferdinand*

Ferdinand est un jeune taureau espagnol au physique impressionnant. Il est né pour combattre mais préfère gambader au milieu des fleurs avec sa meilleure copine, Nina. Adapté d'un conte pour enfants publié aux États-Unis dans les années 1930, le dessin animé sorti en 2017 pulvérise avec entrain les codes de la masculinité dominante.

Blue Sky Studios et 20th Century Fox Animation, 2017

Le plus connu : *La Reine des neiges I et II*

Sa bande originale nous a fait saigner les oreilles au point qu'on n'en écoute plus les paroles. Pourtant, le message est clair : l'histoire d'Elsa est celle d'une princesse qui devient reine en s'acceptant telle qu'elle est, sans père ou mari dans les parages pour lui expliquer la vie. Sa sœur, Anna, emprunte des chemins dangereux pour venir à son secours et envoie paître tous ceux qui lui donnent des conseils sur sa vie sentimentale. Chez Disney, on ne fait guère mieux en matière de morale féministe.

Disney, 2014 et 2020

BARBARA

J'ai fait toute ma peine dans le combat

En liberté conditionnelle après une condamnation à dix ans de réclusion criminelle, Barbara raconte comment elle a survécu à la prison et comment, même dehors, elle vit avec le sentiment d'être écrouée à vie.

Après cinq ans et cinq mois passés derrière les barreaux, qui suis-je? Qu'est devenue cette femme de 41 ans, cheffe d'entreprise en Seine-et-Marne, mère de deux enfants? Un jour, reine de sa vie, et le lendemain, menottée? Je n'ai rien décidé de ce qui m'est arrivé, ça m'est tombé dessus comme un boulet de canon qui dévaste tout sur son passage. Cet homme qui est entré dans le restaurant ce soir-là, ce n'était déjà plus «mon homme». C'était une furie, un personnage agressif et haineux, qui m'insultait à tout-va. *«Sale pute»*, *«salope»*, il hurlait, il bavait, il titubait. Cela faisait un peu moins d'un an que nous vivions ensemble. À table, quand il s'est assis, personne ne disait rien. Pas un mot, même quand il a fait tomber son verre de vin rouge, tachant les autres convives au passage. J'étais seule, tellement seule face à lui. Je buvais mon vin à grosses gorgées, mais rien n'y faisait, il ne partait pas, il continuait à m'insulter. Quand il s'est levé, je ne sais pas pourquoi, mais je me suis levée aussi. Quand il a bombé le torse et s'est avancé sur moi, la peur m'a envahie, une peur de celle qui rétorque, une peur qui fait basculer le cours d'une vie en une fraction de seconde. J'ai fait ce geste instinctif de le repousser avec mon couteau et ma fourchette dans les mains. Il est mort dans la nuit à l'hôpital.

PASSER UN MAXIMUM D'HEURES HORS DE CETTE CELLULE

La suite de cette soirée s'est soldée par deux familles anéanties, un procès aux assises et une condamnation à dix ans de prison pour coups et blessures ayant entraîné la mort sans l'intention de la donner. Mon avocat n'a pas plaidé la légitime défense. Je ne sais pas comment j'ai fait pour survivre. La culpabilité, le deuil me rongeaient un peu plus chaque jour et cette question qui me hantait: «Pourquoi ai-je fait un truc pareil?»

Un jour, je suis tombée sur un magazine à la bibliothèque de la prison de Fleury-Mérogis. J'étais au bout du rouleau, je ne voulais plus vivre. Un article parlait des enfants de suicidé·es, j'ai ressenti leur souffrance. C'est à ce moment précis que j'ai pris ma décision: j'avais deux merveilleux enfants âgés de 12 ans, je n'avais pas le droit de leur faire vivre la disparition de leur mère. Alors j'ai survécu. Aujourd'hui, j'ose dire que je suis une rescapée de l'enfer des prisons.

J'ai fait toute ma peine dans le combat, je ne me suis laissé aucune seconde de répit. Je me levais à 5h30. Lorsque la gardienne faisait sa première ronde du matin, j'étais déjà maquillée, coiffée, habillée. En cinq ans: zéro grasse mat'. La seule façon de survivre, c'était d'être dans l'action, sortir de cette cellule de 7 mètres carrés le maximum d'heures de la journée. Je me suis inscrite à toutes les formations, j'ai obtenu les diplômes de bibliothécaire et médiatrice culturelle. J'ai repris mes études à l'université en lettres modernes, validé mes examens avec mention, écrit dans le journal de la prison.

Je n'ai rechigné devant aucun emploi de miséreuse (ouvrière en pliage, technicienne en confection), j'ai multiplié les actions juridiques pour sortir plus vite. En dix ans, j'ai déposé quatre demandes de mise en liberté provisoire, qui ont toutes échoué, et trois demandes de libération conditionnelle, dont la dernière a abouti.

LA VIOLENCE DU DEHORS EN PLEINE FACE

Le plus dur lorsque l'on sort de prison, c'est de se rendre compte que la vie n'est pas aussi belle que ce que l'on s'imaginait. À l'intérieur, on se conditionne à accepter l'inacceptable: les brimades, les représailles, l'injustice, le délit de faciès, la peur, le mépris, la bêtise, l'isolement... Aujourd'hui, je suis dehors. Je ne comprends pas la vie des autres. Ils se contentent de payer leurs factures et de mettre les autres dans des cases pour donner de l'éclat à la petitesse de leur vie. Une copine se confie: *« T'es une femme, t'as 50 ans! Y a qu'un vieux de 60 piges pour s'intéresser à toi. »* En prison, la violence de ce genre de propos, je l'excusais, mais, dehors, je me la prends en pleine face.

Il est impossible d'ôter la vie d'un autre sans ravager sa propre vie. Cauchemars, dépression, autoflagellation. Je ne dors plus. Cinq ans de benzodiazépines ont ravagé mon sommeil. Alors, quand mon corps ne suit plus, je m'assoupis et je rêve que je suis de nouveau en prison, que je suis sur le point d'être libérée mais qu'il faut encore attendre. Je me réveille en sueur, la gorge sèche d'un cri qui n'est pas sorti, étourdie par le mal-être, je suis à la limite de perdre connaissance.

Je ne me trouve aucune excuse pour ce que j'ai fait. Je n'ai pas contrôlé mes pulsions, j'ai été faible. Et rien n'y changera, même les tonnes d'heures passées chez la psychanalyste à tenter d'expliquer un acte commis sous l'alcool. Même une enfance pourrie. Même la réponse à une éventuelle agression. Même s'il me faisait peur. Même si j'ai toujours grandi dans un contexte de violences conjugales. Même s'il a payé pour tous les monstres. Même si mon beau-père nous battait ma mère, mon frère et moi. Tout cela, ce n'est qu'un masque que l'on retire tous les soirs pour aller se coucher, et dans le miroir, c'est le mort qui apparaît.

ENCORE UNE FOIS SEULE FACE À MON ACTE

Toutes celles et ceux qui passent par la case prison pour de graves délits prennent une sentence de prison à perpétuité. Seule la mort les délivrera de leur souffrance de «coupable». Je suis sortie de prison le 24 juin 2020. Passé l'euphorie des quinze premiers jours de liberté retrouvée, les embrassades avec la famille, la première coupe de champagne, les tant attendus barbecues sur la terrasse, je suis encore une fois seule, seule face à mon acte. Mes enfants ont grandi, ils ont appris à vivre sans leur mère, ma précieuse famille ne me comprend plus. Je suis sortie de prison mais je ne suis pas encore libre. Je me sens encore écrouée.

La justice a mis en place un système qui me rappelle sans cesse que je suis une criminelle. Je vis avec un bracelet électronique autour de la cheville. Pas de possibilité de revoir la mer, pas de bain, pas de mec. Je vis sur le qui-vive. Le drame a eu lieu dans la nuit du 16 au 17 novembre 2011 et je serai libre de toute obligation envers la justice en avril 2022. Mais je serai à jamais dévastée par cette tristesse latente et perfide qui ne me quitte plus. ●

Barbara a participé au projet Citad'elles qui propose des ateliers d'écriture et la réalisation d'un magazine trimestriel au centre pénitentiaire pour femmes de Rennes. Elle inaugure cette chronique consacrée à des parcours de détenues.

FRANÇOISE D'EAUBONNE

À gauche:
Février 1988. Françoise d'Eaubonne a 68 ans.
© AYANT DROIT EAUBONNE

TEXTE **Élise Thiébaut**

Autrice notamment de *Ceci est mon sang, petite histoire des règles, de celles qui les ont et de ceux qui les font* (La Découverte, 2017), elle signe *L'Amazone verte, le roman de Françoise d'Eaubonne* qui paraît aux éditions Charleston en mars 2021.

DANS LA MATRICE DE L'ÉCO-FÉMINISME

Pour résoudre la crise écologique et mettre fin à l'asservissement des femmes, elle appela, en 1974, à la grève de la maternité. Méconnue du grand public, Françoise d'Eaubonne fut une militante visionnaire, engagée dans la lutte antinucléaire et qui, sans être lesbienne, revendiqua la fin de l'hétérosexualité. Mais aurait-elle été la féministe radicale qu'elle a été si elle avait eu le choix de ne pas avoir d'enfants ?

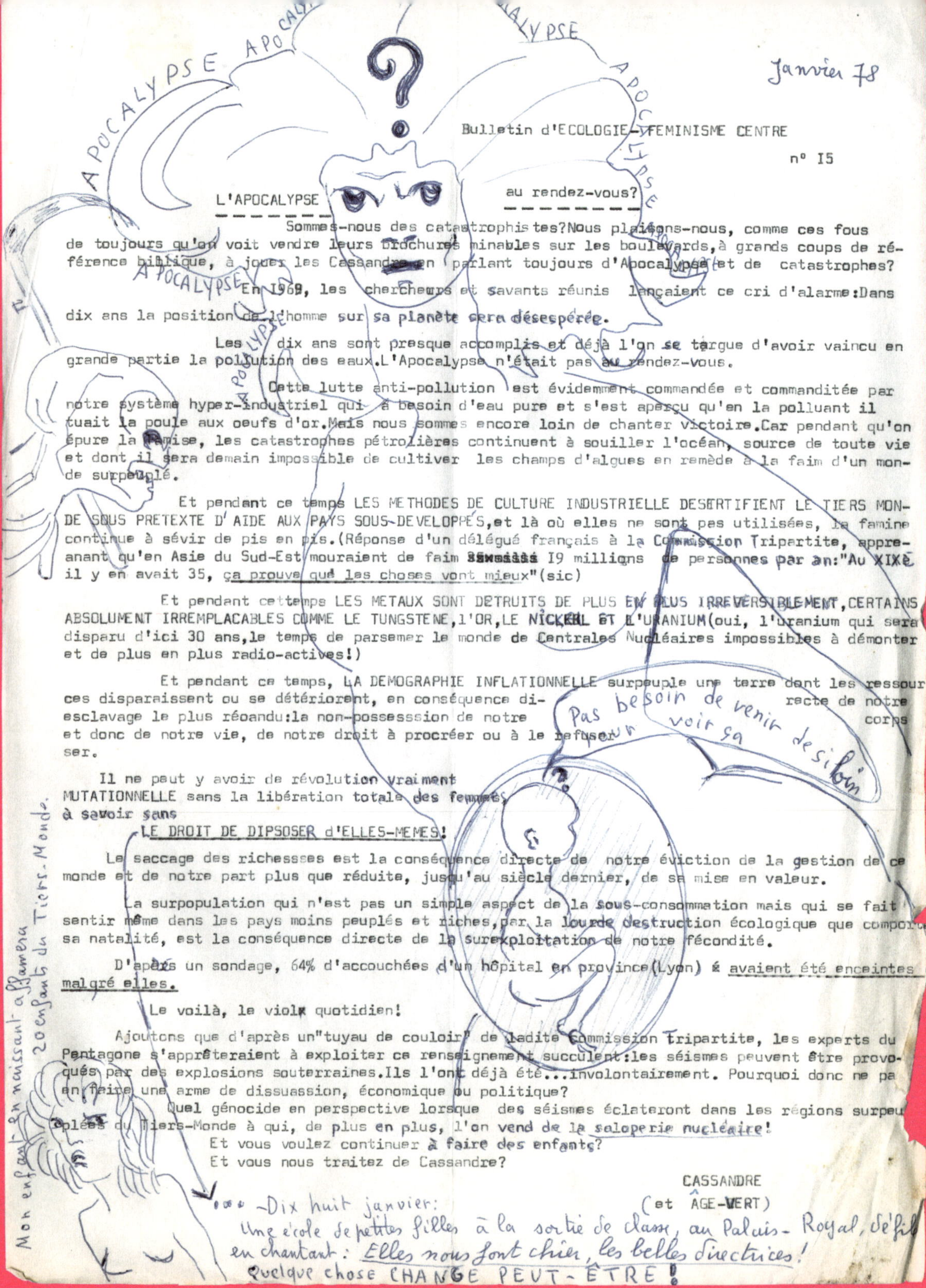

Bulletin d'ECOLOGIE-FEMINISME CENTRE

nº I5

L'APOCALYPSE au rendez-vous?

Sommes-nous des catastrophistes? Nous plaisons-nous, comme ces fous de toujours qu'on voit vendre leurs brochures minables sur les boulevards, à grands coups de référence biblique, à jouer les Cassandre en parlant toujours d'Apocalypse et de catastrophes?

En 1969, les chercheurs et savants réunis lançaient ce cri d'alarme: Dans dix ans la position de l'homme sur sa planète sera désespérée.

Les dix ans sont presque accomplis et déjà l'on se targue d'avoir vaincu en grande partie la pollution des eaux. L'Apocalypse n'était pas au rendez-vous.

Cette lutte anti-pollution est évidemment commandée et commanditée par notre système hyper-industriel qui a besoin d'eau pure et s'est aperçu qu'en la polluant il tuait la poule aux oeufs d'or. Mais nous sommes encore loin de chanter victoire. Car pendant qu'on épure la Tamise, les catastrophes pétrolières continuent à souiller l'océan, source de toute vie et dont il sera demain impossible de cultiver les champs d'algues en remède à la faim d'un monde surpeuplé.

Et pendant ce temps LES METHODES DE CULTURE INDUSTRIELLE DESERTIFIENT LE TIERS MONDE SOUS PRETEXTE D'AIDE AUX PAYS SOUS-DEVELOPPES, et là où elles ne sont pas utilisées, la famine continue à sévir de pis en pis. (Réponse d'un délégué français à la Commission Tripartite, appreanant qu'en Asie du Sud-Est mouraient de faim I9 millions de personnes par an: "Au XIXè il y en avait 35, ça prouve que les choses vont mieux" (sic)

Et pendant cettemps LES METAUX SONT DETRUITS DE PLUS EN PLUS IRREVERSIBLEMENT, CERTAINS ABSOLUMENT IRREMPLACABLES COMME LE TUNGSTENE, l'OR, LE NICKEL ET L'URANIUM (oui, l'uranium qui sera disparu d'ici 30 ans, le temps de parsemer le monde de Centrales Nucléaires impossibles à démonter et de plus en plus radio-actives!)

Et pendant ce temps, LA DEMOGRAPHIE INFLATIONNELLE surpeuple une terre dont les ressources disparaissent ou se détériorent, en conséquence directe de notre esclavage le plus réoandu: la non-possesssion de notre corps et donc de notre vie, de notre droit à procréer ou à le refuser.

Il ne peut y avoir de révolution vraiment MUTATIONNELLE sans la libération totale des femmes, à savoir sans

LE DROIT DE DIPSOSER d'ELLES-MEMES!

Le saccage des richessses est la conséquence directe de notre éviction de la gestion de ce monde et de notre part plus que réduite, jusqu'au siècle dernier, de sa mise en valeur.

La surpopulation qui n'est pas un simple aspect de la sous-consommation mais qui se fait sentir même dans les pays moins peuplés et riches, par la lourde destruction écologique que comporte sa natalité, est la conséquence directe de la surexploitation de notre fécondité.

D'après un sondage, 64% d'accouchées d'un hôpital en province (Lyon) avaient été enceintes malgré elles.

Le voilà, le viol quotidien!

Ajoutons que d'après un "tuyau de couloir" de ladite Commission Tripartite, les experts du Pentagone s'apprêteraient à exploiter ce renseignement succulent: les séismes peuvent être provoqués par des explosions souterraines. Ils l'ont déjà été... involontairement. Pourquoi donc ne pa en faire une arme de dissuassion, économique ou politique?

Quel génocide en perspective lorsque des séismes éclateront dans les régions surpeuplées du Tiers-Monde à qui, de plus en plus, l'on vend de la saloperie nucléaire!

Et vous voulez continuer à faire des enfants?

Et vous nous traitez de Cassandre?

CASSANDRE

(et ÂGE-VERT)

Enfant prodige et écrivaine prolifique, Françoise d'Eaubonne a étudié aux Beaux-Arts et dessinait souvent. Ici dans le « Bulletin d'écologie-féminisme » du 9 septembre 1974.

Françoise d'Eaubonne était la preuve vivante que l'on peut vivre, créer et lutter sans se soumettre aux normes sociales, sans se préoccuper ni des conventions ni des apparences.

9 septembre 1974. Un jeune homo de vingt ans, Alain Lezongar, tombe sur un article qui l'interpelle dans *Charlie Hebdo*. Il s'agit d'un appel des femmes du mouvement écoféministe invitant à lancer, dans le monde entier, «*la grève des ventres*». Rédigé comme un jugement, avec «*attendus*» et «*décisions*», il dénonce «*le grand péril qui menace dans un avenir très proche notre planète et notre espèce: [la] surpopulation et [la] destruction des ressources, à savoir la catastrophe écologique*». Pour les signataires, «*cette menace écologique et démographique – 7 milliards en l'an 2000! – non seulement est le fait de la société mâle, capitaliste ou socialiste, mais son double aspect est l'aboutissement DIRECT de deux appropriations masculines qui, dans l'Antiquité, fondèrent le patriarcat*». C'est-à-dire l'«*appropriation de la fertilité (terre arrachée aux femmes)*» et l'«*appropriation de la fécondité (découverte de la paternité)*». Toutes deux «*entraînant tout naturellement à surexploiter et surpeupler la terre sans la moindre considération de la terre ni des femmes*».

Après avoir annoncé la «*DÉCISION (à titre de premier avertissement) de proclamer et organiser une grève de la maternité d'UN AN*», l'appel conclut en toute sobriété: «*Notre espèce n'a d'avenir qu'au prix du triomphe de notre liberté et de nos valeurs méprisées par la civilisation mâle; par le stoppage de la démographie, la limitation du travail "producteur" d'inutilités, le reboisement maximal, la destruction des centrales nucléaires et de toute industrie de guerre et surtout: L'ABOLITION TOTALE ET IRRÉVERSIBLE DU SEXISME ET DU PATRIARCAT.*»

Aussitôt, Alain Lezongar écrit à l'initiatrice de cette tribune, Françoise d'Eaubonne, afin de lui faire part de son enthousiasme pour ce programme révolutionnaire qui semble tout englober: la lutte des classes, la libération sexuelle, le combat pour l'écologie. Ce qu'il ne sait pas, au moment où il rédige ce courrier, c'est que Françoise d'Eaubonne lui répondra, et que ce sera le début d'une amitié de trente ans. Elle l'appellera son «*fils adoptif*» ou son «*fils choisi*» et fera de lui le dépositaire de nombreux textes et documents destinés à une future biographie. «*C'est sa liberté qui me fascinait*», me raconte-t-il en 2020, alors que je suis en train d'écrire la biographie de Françoise d'Eaubonne, décédée à Paris quinze ans plus tôt. «*Le ton, la puissance, l'humour qu'il y avait dans ses mots me galvanisaient. Avec elle, tout semblait possible.*» Il n'est pas le seul à me parler de ce courage et de cette liberté qui la rendaient magnétique. Françoise d'Eaubonne était la preuve vivante que l'on peut vivre, créer et lutter sans se soumettre aux normes sociales, sans se préoccuper ni des conventions ni des apparences.

QUELQUES LIVRES RÉCENTS SUR FRANÇOISE D'EAUBONNE

Myriam Bahaffou et Julie Gorecki, préface de la nouvelle édition de l'essai phare de Françoise d'Eaubonne, ***Féminisme ou la Mort***, Le Passager clandestin, 2020.

Marie-Jo Bonnet, ***La Maternité symbolique, être mère autrement***, Albin Michel, 2020. Le chapitre «De la grève de la maternité à la naissance de l'écoféminisme» est consacré à Françoise d'Eaubonne.

Caroline Goldblum, ***Françoise d'Eaubonne et l'écoféminisme***, le Passager clandestin, 2019.

Pour l'abondante bibliographie de Françoise d'Eaubonne, on peut aussi se reporter au site de Nicolas Lontel, Biscuits de fortune, qui a fait un excellent travail de recension.

« Bien que j'aie nourri ma fille, je me suis efforcée d'être moi aussi une "mère indifférente", pour elle et son frère. Ce ne fut pas toujours facile. »

Françoise d'Eaubonne,
« La mère indifférente », *Les Cahiers du GRIF* (1977)

Née en 1920 dans une famille d'aristocrates désargentés à la fois catholiques et anarchistes, elle s'engage dans la Résistance. C'est aussi une féministe de la première heure, qui, à la parution du *Deuxième Sexe* en 1949, écrit à Simone de Beauvoir (avec qui elle restera liée, malgré des désaccords, pendant plus de trente ans): *« Vous êtes un génie, vous nous avez toutes vengées ! »* Communiste jusqu'en 1960, militante anticolonialiste durant la guerre d'Algérie (1954-1962), puis pionnière du Mouvement de libération des femmes (MLF) lancé en 1970, Françoise d'Eaubonne participe aussi à la fondation, en 1971, du Front homosexuel d'action révolutionnaire (FHAR), alors qu'elle n'est pas lesbienne (*« Hélas, pourquoi ne suis-je pas gouine ! »* écrira-t-elle plus tard dans ses *Mémoires irréductibles*). Enfant prodige qui a publié son premier roman à 13 ans, elle laisse derrière elle une centaine d'œuvres extrêmement diverses : essais, romans, récits, biographies –en particulier de femmes–, livres pour enfants, pamphlets, science-fiction, mémoires, polars et romances érotiques… Elle pouvait écrire, selon la légende, jusqu'à cent pages par jour. On lui doit trois néologismes passés dans le langage courant: « phallocrate » (alors que n'existait auparavant que « phallocratie »), « sexocide » –auquel sera finalement préféré le terme « féminicide »– et, enfin, le mot « écoféminisme », dont elle a forgé le concept dans son essai majeur, *Le Féminisme ou la Mort*.

Dans un essai sur la maternité symbolique paru en octobre 2020, l'historienne Marie-Jo Bonnet consacre un chapitre entier à Françoise d'Eaubonne : elle considère que cette dernière est parvenue à transcender la condition maternelle en lui conférant, à travers l'écoféminisme, une dimension politique. Il est vrai que d'Eaubonne fut tout au long de sa vie d'adulte la mère ou la grand-mère de personnes avec lesquelles elle n'avait pas de lien filial, et qu'elle entretint avec ses enfants biologiques des rapports qui tentent avec plus ou moins de succès de déjouer le piège mortel de la maternité dénoncé par Simone de Beauvoir dans *Le Deuxième Sexe*.

Ni indigne, ni sacrificielle, Françoise d'Eaubonne laissa ses enfants aux soins de sa famille. Certes, cela ne lui donnait pas beaucoup de points au Scrabble de la féminité glorieuse, mais elle ne voulait pas répéter le destin de sa propre mère, mathématicienne élève de Marie Curie, qui avait dû renoncer à une brillante carrière scientifique en raison de ses cinq enfants, sans faire leur bonheur ni le sien. Dans un article paru aux *Cahiers du GRIF* en 1977, intitulé « La mère indifférente », elle dit avoir souffert, petite, *« des repas toujours en retard, toujours bâclés et insipides, de l'absence de linge propre et repassé, des vêtements portés jusqu'à l'usure, ou plutôt la transparence, des chaussures qui "engueulaient le trottoir", de l'absence de vacances, de loisirs, de distractions, tout ce qui conjuguait à la fois notre pauvreté et l'indifférence maternelle »*. Pourtant, arrivée à l'âge mûr, elle se félicite d'avoir eu *« une mère indifférente »*, *« au lieu des castratrices à cuisine, lessive, raccommodage que j'ai vu sévir autour de moi, nourrissant, pomponnant et astiquant pour se faire payer de leurs efforts en suçant le sang et l'âme de leurs marmots. Bien que j'aie nourri ma fille, je me suis efforcée d'être moi aussi une "mère indifférente", pour elle et son frère. Ce ne fut pas toujours facile. »*

Contrairement à certaines écoféministes qui réinvestissent aujourd'hui le champ de la maternité à travers une forme de retour à la Nature, elle a toute sa vie entretenu son insolvabilité maternelle : elle ne sait pas faire cuire un œuf, n'a aucun sens du ménage, aucune aptitude à prendre soin ni d'elle ni des autres, et passera sa vie comme un oiseau sur la branche, entourée de livres, de machines à écrire et de yaourts périmés. Elle ne méprise cependant pas son corps et ressent le besoin d'aimer et d'être aimée. Résultat : elle tombe enceinte en 1943 lors de son premier rapport sexuel, alors qu'elle avait déjà voué sa vie à l'écriture.

TROIS ENFANTS DONT AUCUN N'AVAIT ÉTÉ DÉSIRÉ

On peine à réaliser véritablement aujourd'hui ce qu'a été pour des millions de femmes à travers les âges l'impossibilité de contrôler leur fécondité. Françoise d'Eaubonne a subi par deux fois au moins un avortement clandestin, en 1952 et en 1960, et a eu recours dès qu'elle l'a pu à la contraception, notamment la Gynomine, un spermicide que Lucien Neuwirth, auteur de la loi sur la pilule contraceptive, avait découvert en Angleterre et qui, en France, circulait sous le manteau. Malgré ces précautions, elle donna naissance à trois enfants dont aucun n'avait été désiré.

« HÉLAS, POURQUOI NE SUIS-JE PAS GOUINE ! »

Françoise d'Eaubonne, *Mémoires irréductibles* (2001)

Françoise d'Eaubonne a commencé sa carrière littéraire avec un roman d'aventures qui devient un best-seller: *Comme un vol de gerfauts.* Ici, le 24 octobre 1947 lors de la remise du Prix des lecteurs Julliard.
©AGIP/BRIDGEMAN IMAGES

La première, Indiana, est née en 1944, à la suite d'une brève étreinte avec l'éditeur de son premier recueil de poèmes, Jacques Aubenque, qu'elle n'épousa que pour la forme et avec lequel elle ne vécut jamais sous le même toit. Il fallait en effet *« donner un nom à l'enfant »* en ces années de guerre où une grossesse illégitime pouvait avoir des conséquences terribles, d'autant que Françoise d'Eaubonne était alors dans la Résistance.

En 1947, une autre relation de passage avec un homme *« très beau mais très bête »*, comme elle l'indique dans une lettre à son fils Vincent écrite en 1994, entraîne une nouvelle grossesse. Sur le conseil pressant d'une amie catholique, elle accouche sous X et confie le bébé à l'adoption. La même année, elle connaît son premier succès littéraire avec le roman d'aventures *Comme un vol de gerfauts*, un best-seller qui lui vaut de recevoir le Prix des lecteurs Julliard : elle n'a alors que 27 ans.

LA PUISSANCE DE L'ACCOUCHEMENT SANS SA SACRALISATION

Dix ans plus tard, son fils Vincent naît en 1958 d'une relation orageuse avec un ancien pilote de la Royal Air Force, Gérard Savarit, qu'elle quitte après qu'il a tenté de l'étrangler (jusqu'à la cinquantaine, on peut dire que Françoise d'Eaubonne est toujours tombée sur des tocards prêts à lui infliger tout ce que le patriarcat réserve en général aux femmes, en particulier quand elles veulent être libres : violences psychiques, affectives, physiques et économiques). Alors qu'elle va en Suisse consulter un gynécologue, celui-ci lui apprend que la grossesse est trop avancée et qu'elle est par conséquent *« inopérable »*. Désespérée au point de vouloir se jeter dans le Rhône, elle finit par y renoncer en songeant au roman qu'elle pourrait écrire sur cet épisode de sa vie. Dans *Les Tricheurs*, publié en 1959, elle mettra d'ailleurs en récit le risque mortel pris par un des personnages, prénommé comme elle Françoise, qui succombe à la suite d'un avortement. En 1962, l'avocate Anne-Marie Dourlen-Rollier, une des figures les plus importantes de la Maternité heureuse, ancien nom du Mouvement français pour le planning familial, estimait à 800 000 le nombre annuel d'avortements clandestins en France, dont 10 000 entraînaient la mort.

Malgré son désespoir et la peur de devoir renoncer à sa vie de bohème, elle prend la décision de mener sa grossesse à terme. Mais au lieu de faire de cette naissance une malédiction, elle en fera, se promet-elle, *« une victoire et une joie »*. Et c'est bien sous ces auspices que son fils Vincent viendra au monde *« comme une lettre à la poste »*. Son premier accouchement, à la fin de la guerre, avait déjà été pour elle une épopée heureuse, ce qui peut surprendre de la part de quelqu'un qui ne voulait pas être mère. Dans ses *Mémoires irréductibles*, elle écrit avoir été subjuguée par cette expérience qui se déroule à domicile, en trois heures et avec une facilité déconcertante, au point qu'elle en éprouve presque du plaisir. À la sage-femme qui lui dit : *« Vous pouvez crier, vous savez ! »*, elle répond : *« Je suis trop occupée à travailler ! »* Elle ressent la puissance de cette expérience physique sans jamais la sacraliser, mais sans non plus être dans le déni du corps. Dans son article « La mère indifférente », elle juge en effet l'instinct maternel *« mystifié, déformé, aliéné et manipulé : je crois qu'il existe au départ, mais que la société mâle en a fait cette superbe récupération, ce moyen d'oppression et d'aliénation qui ravale la femme au rang de femelle pondeuse ou poulinière, lui présentant cette seule fonction comme justification ultime et la borne dressée devant toutes ses aspirations et ses ambitions »*. Revenant sur l'exemple de sa propre mère *« obligée de trouver dans sa vie de femme la seule compensation au sacrifice de son esprit »*, elle note qu'elle n'avait pu *« investir son affectivité que dans l'amour du compagnon, sans pouvoir trouver en ses enfants autre chose que des gêneurs »*. C'est seulement quand ils étaient devenus des adultes indépendants qu'ils avaient pu, explique-t-elle, *« trouver en elle un appui et une amie compréhensive »*. De fait, Françoise d'Eaubonne, si elle a souffert dans son enfance, admet que sa mère ait pu *« légitimement haïr en nous le sacrifice de sa passion scientifique et de ses activités politiques »*, avant de conclure : *« Devais-je, pouvais-je condamner ma mère, moi qui lui ressemblais ? Moi qui lui dois le premier enseignement féministe que j'ai reçu au monde ? »*

UN REGARD SUR LA FÉMINITÉ QUI FRAPPE PAR SA MODERNITÉ

Françoise d'Eaubonne aurait-elle inventé l'écoféminisme et appelé à la grève des ventres si elle avait eu le choix d'avoir ou non des enfants ? Signataire du Manifeste des 343 Françaises déclarant avoir avorté (publié en avril 1971 par *Le Nouvel Observateur* et rebaptisé par *Charlie Hebdo* « Manifeste des 343 salopes »), elle mettait au centre de la lutte féministe le contrôle de la fécondité pour toutes, sans oublier d'interroger ce désir qui pousse les femmes à vouloir à tout prix se reproduire. *« Quand une femme parle de son désir d'avoir un enfant, je lui demande toujours d'examiner de près la racine de ce désir,* écrit-elle encore dans « La mère indifférente ». *Il peut être authentique : il y a de grandes chances qu'il ne le soit pas. »*

Lorsque la loi Neuwirth libéralisant la contraception est passée en 1967, elle n'avait déjà plus l'âge de procréer, et encore moins quand la loi Veil sur l'interruption volontaire

Pas un jour sans une ligne: c'était le mantra de d'Eaubonne, qui se vantait d'écrire dans ses bons moments jusqu'à cent pages par jour. Dans le jardin de sa sœur Inès, octobre 1989.

de grossesse est votée en 1974. Elle n'a élevé ni Indiana ni Vincent, qui ont été placés en nourrice puis ont grandi dans sa famille, grâce au soutien de ses sœurs et de ses parents. Elle prenait en charge les frais relatifs à leur éducation mais ne les voyait que durant les vacances scolaires et ne partageait pas leur quotidien. Elle les aime pourtant profondément. Parlant de sa fille, elle souligne son intelligence, ses multiples talents qui l'impressionnent, et accepte stoïquement les reproches qu'elle lui fait, *« car elle seule en a le droit »*, note-t-elle dans ses mémoires. *« À chaque fois que je le vois, j'ai un petit choc d'horrible vanité »*, écrit-elle à propos de son fils dans son roman autobiographique *Je voulais être une femme*. *« Tous les mauvais sentiments que je refuse d'éprouver comme écrivain – fatuité, esprit de compétition, jalousie –, c'est dans le domaine de la maternité que je leur laisse le champ libre. L'objet de mon amour est un petit Hercule vermeil, avec une chevelure de Viking et des yeux d'Arabe. »*

Dans ce livre publié en 1962 où elle met en scène la mouvance existentialiste de l'époque, elle pose sur la féminité un regard qui frappe par sa modernité: *« Il paraît que je devrais tout de même arriver à déterminer ce que je suis et l'espèce à laquelle j'appartiens; chacun sait qu'à l'intérieur de la catégorie SEXE on peut inscrire plus qu'une subdivision: âge, classe, profession, etc. »* Mais *« entre deux émetteuses d'ovules de quinze à cinquante ans, entre une mère et une célibataire, entre une brillante pin-up et une femme d'affaires, laquelle est la plus femme? »*, interroge-t-elle. Avec une crudité qui rappelle parfois la Virginie Despentes de *King Kong Théorie*, elle raconte le quotidien d'une baiseuse, fêtarde et militante anticolonialiste qui, en 1960, alors que la guerre d'Algérie bat son plein, a signé le Manifeste des 121 pour l'insoumission, par lequel un ensemble d'intellectuel·les apportent leur soutien à la lutte indépendantiste – un engagement qui n'empêche pas la pensée de Françoise d'Eaubonne d'être imprégnée de biais colonialistes, voire racistes. Elle revendique ses désirs, sa liberté et son plaisir sans détours: *« Mystique sans Dieu, mère sans enfants, écrivain sans génie, amour des pieds à la tête, la vie ne m'aura pas. Je la baiserai au tournant, je délirerai plus vite qu'elle. »*

UNE GRAND-MÈRE SUR LES BARRICADES

Mai 68 la cueille alors qu'elle vient de devenir grand-mère pour la deuxième fois. Elle se précipite sur les barricades, intervient au théâtre de l'Odéon, et succombe à l'ivresse d'une révolution qui va tourner court en quelques semaines. Mais ce n'est qu'au début des années 1970 qu'elle donne sa vraie mesure.

Elle participe alors au MLF, et surtout, au FHAR, collectif qu'elle co-fonde en mars 1971 avec des militantes lesbiennes du MLF telles qu'Anne-Marie Grélois (connue aussi sous le pseudonyme d'Anne-Marie Fauré) ou Marie-Jo Bonnet. Elles ont choisi de faire alliance avec les hommes homosexuels qui, selon elle, représentent l'avant-garde éclairée de la masculinité. Très vite, cependant, les lesbiennes se sentant mises à l'écart par les mecs, elles partent fonder le collectif des Gouines rouges. Au FHAR ne reste que Françoise d'Eaubonne, très proche des écrivains Daniel

Guérin et Guy Hocquenghem. Elle est la reine des abeilles d'une constellation dont elle résume le mantra en une phrase qui revient dans plusieurs ouvrages : *« Les homosexuels ne sont pas là pour s'intégrer à la société, mais pour la désintégrer. »*

Dans un article publié dans la revue *Marge* trois ans plus tard, en 1974, alors que le FHAR s'est dissous après de multiples engueulades et quelques orgies mémorables, Françoise d'Eaubonne règle son compte à l'hétérosexualité : *« C'est bien simple, les hétéros pur jus, j'en ai dans mes meilleurs amis, mais ça fait plus de quinze ans que je ne peux plus coucher avec aucun d'eux ! C'est tellement la catastrophe de notre monde, cette institutionnalisation de l'hétérosexualité qui cimente la famille, la relation de pouvoir, le sexisme ; ce fut tellement ma catastrophe personnelle, celle de la plupart des femmes de ma génération (celles de la montante sont plus averties), que je ne suis pas loin de penser : le meilleur de mon boulot d'écriture, c'est sans doute la part que j'ai consacrée à démystifier cette saloperie. »*

« LA PRODUCTIVITÉ FORCENÉE EST DEVENUE L'ENNEMI PLANÉTAIRE. »

En 1971, elle fait la connaissance d'un jeune homme de trente ans de moins qu'elle, Marc Payen. En clamant fièrement que, oui, elle couche toujours, elle précise qu'il est *« beau comme un dieu et pas con du tout »* alors que pour sa part elle n'est *« ni belle, ni riche, ni élégante, ni sophistiquée »*. *« Nous ne vivons pas en couple,* précise-t-elle, *nous ne nous sommes jamais promis fidélité, chacun est pourtant au centre de la vie de l'autre [...], il est bisexuel – beaucoup plus que moi – et c'est pour moi une raison de plus de l'aimer. »*

Soulignant la discrimination sexiste à l'œuvre vis-à-vis des femmes qui prennent de l'âge – *« Si j'étais un mec de 54 ans qui avait une nana de 24, on me féliciterait »* –, elle rappelle qu'au FHAR un des tout premiers tracts s'intitulait : « Il n'y a ni sexe ni âge pour aimer ». *« C'était en faveur des mineurs, bien entendu ; mais les "largement majeurs" entendaient bien ne pas leur en laisser le privilège et j'en étais. »* Dans le contexte tumultueux des années 1970, cette phrase est révélatrice de son aveuglement face aux revendications pédophiles, que certains, au FHAR, défendent alors sous couvert de libération sexuelle. Elle ne sera malheureusement pas la seule dans ce cas parmi les féministes.

Alors qu'elle écrit ces lignes, elle est sur le point de rencontrer celui qu'elle appellera dans ses *Mémoires irréductibles « le dernier amour de mes années mûres »*. Gérard Hof est bisexuel, bien sûr, il a 31 ans et elle partagera ses faveurs avec ses amis et amants. Leurs amours sont intenses et politiques. Le couple a décidé en effet de se lancer dans la lutte antinucléaire en plastiquant notamment la centrale de Fessenheim, alors en pleine construction. L'attentat, qui a lieu en mai 1975, sera signé du « Commando Puig Antich-Ulrike Meinhof ». Salvador Puig Antich était un anarchiste catalan condamné à mort et passé au garrot le 2 mars 1974 par le régime franquiste. Ulrike Meinhof, quant à elle, est une des têtes de la Fraction Armée rouge, alors en prison en Allemagne. Le texte de revendication envoyé à l'agence France-Presse porte la patte de Françoise d'Eaubonne : *« Nous n'avons pas plus besoin d'énergie nucléaire que de travailler tout le jour pour produire des gadgets. La productivité forcenée est devenue l'ennemi planétaire. Et le combat du prolétariat des pays développés rejoint objectivement celui des travailleurs du Tiers-Monde. Qu'il soit des femmes, des enfants, du Tiers-Monde ou du prolétariat, le combat se doit d'être total. »* Elle ne sera jamais inquiétée pour cet attentat, dont les dégâts ont entraîné le report de l'ouverture de la centrale de plus d'un an.

Pour revenir au présent, Fessenheim a été fermée définitivement en juin 2020, en pleine épidémie de Covid-19. Évoquant cette *« mère invraisemblable »*, sa fille Indiana riait de l'incapacité dans laquelle elle aurait été de respecter les gestes barrières et le confinement. Son fils Vincent, lui, pense à la joie qu'elle aurait éprouvée en voyant le féminisme reprendre *« du poil de la belle »* avec la déferlante #MeToo, les colleuses nocturnes ou les combattantes kurdes du Rojava.

« En termes de postérité, affirmait Françoise d'Eaubonne, *les écrits sont des messagers peu sûrs. Pour le succès des bouteilles à la mer, rien ne vaut les enfants. »* En l'occurrence, l'un n'empêche pas l'autre. ●

1920
Naissance de Françoise d'Eaubonne à Paris.

1971
Signe le Manifeste des 343 Françaises qui déclarent avoir avorté.

1974
Publie *Le Féminisme ou la Mort*, appel à la grève de la maternité.

1975
Attentat à la bombe contre la centrale de Fessenheim en construction.

2005
Meurt à Paris.

21 juin 1978, pour la sortie de *Écologie/féminisme. Révolution ou mutation?*

MÉLUSINE

Chéri, rends l'argent !

Le couple hétérosexuel moderne, c'est peut-être une histoire d'amour, mais c'est aussi une question d'argent. Les dispositifs fiscaux qui règlent l'économie conjugale n'échappent pas aux préjugés sexistes, explique la militante féministe Mélusine.

Les féministes ne parlent plus beaucoup d'argent. Peut-être parce que le courant matérialiste, qui envisageait le patriarcat sous l'angle de l'exploitation économique des femmes, est passé de mode. Ou parce que, à l'exception de l'antienne de l'égalité salariale, l'argent est absent de l'agenda féministe institutionnel, tourné vers les femmes actives des classes moyennes et supérieures. Ou encore parce qu'il faudrait remettre en cause la structure de nombreuses politiques publiques, que l'on croit aveugles au genre quand elles contribuent activement au maintien de l'ordre patriarcal. Au premier rang de celles-ci, l'impôt sur le revenu.

UN MODE DE CALCUL ARCHAÏQUE ET SEXISTE

L'imposition des couples mariés et pacsés est déterminée par un principe obligatoire : le « quotient conjugal ». Il implique que le taux d'imposition du couple soit calculé sur la moyenne des revenus cumulés des deux conjoints. Illustrons : soit un homme dont les revenus annuels s'élèvent à 30 000 €. Célibataire, il est imposé à 10 %. Le voilà marié : si sa femme touche 15 000 € par an, leur taux commun d'imposition s'établira à 6 %. Si elle est sans revenu, ce taux chutera à… 3,6 %. En d'autres termes, plus un homme gagne davantage que sa femme (situation de trois quarts des couples hétérosexuels), moins ses revenus sont imposés.

Créé en 1945, soit vingt ans avant que les femmes n'obtiennent le droit de travailler sans l'autorisation de leur mari, le quotient conjugal appréhende le couple comme une unité économique. Il ne tient pas compte de ce qui peut se passer en son sein : si les revenus y sont partagés ou séparés, si ce partage est le résultat d'une négociation ou d'une contrainte. Il ignore donc la question de l'indépendance financière des femmes. Le quotient conjugal encourage en réalité la perpétuation d'une certaine organisation socio-économique : celle de la famille patriarcale, où l'homme travaille à plein temps à l'extérieur et où la femme assure un travail non rémunéré, le travail domestique, qu'elle complète éventuellement par un salaire d'appoint.

INÉGALITÉS DE GENRE, PRIVILÈGE DE CLASSE

Le système fiscal incite donc non seulement à l'union officielle, mais au maintien d'un écart de salaire dans le couple. Il est fiscalement plus avantageux pour un homme que son épouse reste au foyer : la prime fiscale à la famille patriarcale n'est ainsi rien de moins qu'une subvention du travail domestique. Cette subvention, qui la finance ? Celles et ceux qui n'en bénéficient pas : les célibataires, les couples concubins et ceux dont les deux membres perçoivent un revenu. Dispositif sexiste, le quotient conjugal est plus largement un outil de promotion du couple *comme il faut* : hétérosexuel (son extension au PACS avait suscité une forte opposition), qui ne divorce pas (les mères veuves sont avantagées fiscalement par rapport aux mères divorcées) et, surtout, imposable.

Car le quotient conjugal profite avant tout aux hommes… les plus riches. D'abord, l'économie d'impôt réalisée augmente avec le revenu ; ensuite, les hommes riches sont plus souvent en union officielle avec de forts écarts de salaire et une faible mise en commun des ressources. Le quotient conjugal, qui coûte 11 milliards aux finances publiques[1], est donc aussi un discret mécanisme anti-redistributif : il diminue en moyenne de plus de 10 % le taux d'imposition des ménages les plus riches.

1. Chiffres de l'étude de l'INSEE : « Imposition des couples et des familles : effets budgétaires et redistributifs de l'impôt sur le revenu », 2019.

UNE AGGRAVATION AVEC LE PRÉLÈVEMENT À LA SOURCE

Depuis 2019, l'impôt sur le revenu est prélevé à la source, directement sur les salaires. Présenté comme une réforme de « simplification » indolore pour les finances des ménages, ce nouveau mode de prélèvement a pourtant renforcé les effets sexistes de la politique fiscale.

Jusqu'alors, chaque couple décidait de la manière dont il s'acquittait de l'impôt. La réforme applique une répartition par défaut : la même portion de salaire est prélevée à chaque conjoint. Dans un couple où l'homme gagne 30 000 € et la femme 15 000 €, tous deux sont imposés à 6 % : le premier bénéficie d'un taux plus faible que s'il était célibataire et économise environ 1200 € ; la seconde pâtit d'un taux plus élevé et paie un supplément de près de 360 €.

Ainsi, alors que le quotient conjugal réduit l'impôt du couple, ce paramétrage augmente l'impôt des femmes. Il aurait pourtant suffi de proposer par défaut un taux individualisé, pour que chaque membre du couple participe à l'impôt à hauteur de ses capacités. L'option existe, mais exige d'avoir conscience de ces enjeux et d'en faire la demande expresse. À combien d'entre nous ce détail technique a-t-il échappé, qui nous voyons prélever chaque mois une somme que notre conjoint ne nous rend pas ?

En attendant de reparler collectivement de justice fiscale et de s'attaquer à la structure sexiste des politiques publiques, qu'il soit noté qu'il demeure possible aux épouses de choisir ce taux individualisé sur le site des impôts. Pas de pudeur mesdames, un sou est un sou, face au patron comme au mari. ●

Mélusine, militante féministe et antiraciste, a signé plusieurs articles et tribunes publiées dans *Mediapart*, *Libération* ou *Panthère Première*. Elle est également l'une des contributrices de l'ouvrage *Racismes de France* paru en 2020 aux éditions La Découverte.

DÉSIRER, S'AFFRANCHIR ET BONDIR VERS LE SOLEIL AVEC ZORA NEALE HURSTON

L'écrivaine afro-américaine Zora Neale Hurston, disparue en 1960, a longtemps été ignorée en France. La romancière Alice Zeniter retrace le destin de cette féministe avant l'heure et de Janie, l'un de ses personnages-clés: deux femmes noires en quête d'émancipation et de liberté dans l'Amérique raciste des années 1930.

TEXTE **Alice Zeniter**

Prix Goncourt des lycéens en 2017 pour *L'Art de perdre*, Alice Zeniter est écrivaine et dramaturge. Dans son dernier roman, *Comme un empire dans un empire*, elle dresse le portrait de deux jeunes gens qui subliment leur désarroi par une soif d'engagement et d'action.

Zora Neale Hurston jouant des percussions, 1937.

Je n'ai pas découvert son existence au sein d'un panthéon de la littérature américaine qui ne retient que les patronymes. Elle n'est pas arrivée parée de l'aura du monstre ou du monument. Elle s'est glissée dans ma boîte aux lettres en 2018 lorsque Sika Fakambi, traductrice de *Mais leurs yeux dardaient sur Dieu*, m'a fait parvenir le roman de cette autrice que je ne connaissais pas. Je pense à elle, depuis, comme à quelqu'un qui s'est faufilée doucement dans mes pensées et ma bibliothèque et je l'appelle Zora, en souriant. C'est mon premier réflexe. Et puis je me corrige. Je me dis qu'elle n'aurait pas voulu être de ces femmes qui n'ont qu'un prénom, deux ou trois syllabes chaleureuses et familières, « une doucereuse poupée de son » aurait-elle écrit. J'ai appris depuis que son ombre est immense, qu'elle peine à tenir sous les trois mots : Zora Neale Hurston.

UNE VIE DÉPENDANTE DE MÉCÈNES RICHES ET BLANCS

Sa vie est une trajectoire circonflexe : une ascension fulgurante qui l'emporte loin de l'Alabama (où elle est née en 1891) et, sur la fin, une chute affreuse et banale, si lente qu'elle ne fait pas de bruit. Dans un premier temps, le parcours scolaire de Hurston est à même de faire croire, sinon au rêve américain, du moins à un ascenseur social (elle est d'ailleurs la première à le vanter) : la fillette qui lavait les marches de son école de Jacksonville quand son père ne pouvait plus payer ses frais de scolarité part étudier à Howard University (Washington), puis au Barnard College (New York), où elle est la première étudiante noire et où elle obtient son diplôme d'anthropologie en 1928. Cette vision de la jeune femme de couleur brillante dont le « mérite » est reconnu par l'institution doit cependant être contrebalancée par le fait que Hurston bataille toute sa vie pour trouver l'argent nécessaire à ses années d'université comme à ses études de terrain en tant qu'anthropologue ou à l'écriture de ses textes. Elle reste dépendante de mécènes divers, tous riches et blancs, au long de sa carrière : des « papas » et des « marraines » qu'il faut satisfaire, qui veulent *en avoir pour leur argent*. Dans son article sur Hurston publié dans la revue *Ballast* en 2017, l'écrivaine et sociologue Kaoutar Harchi voit dans cette succession de « bienfaiteurs » une des raisons pour lesquelles les violences racistes apparaissent si peu dans l'écriture de Hurston – elles n'en sont pas pour autant absentes, j'y reviendrai –, un *« procès de polissage produit par les conditions symboliques et matérielles de l'écriture elle-même : la pression des éditeurs, les manipulations des mécènes, les exigences des présidents de fondation*[1] ».

1. Kaoutar Harchi, « Zora Neale Hurston, l'ancêtre politique », revue *Ballast*, 20 décembre 2017.

ON NE PEUT PAS *NE PAS* LIRE SES LIVRES

Dans les années 1920, Hurston se trouve donc à New York, et c'est pendant cette période qu'elle devient une des figures incontournables du mouvement Harlem Renaissance, notamment en gagnant quatre des prix littéraires décernés par le magazine *Opportunity* lors d'une soirée de 1925. Elle est également l'une des cofondatrices de la revue *Fire!!* qui ne connaît malheureusement qu'un unique numéro avant que les bureaux de la rédaction ne soient partiellement détruits par… le feu. Sur les quelques photos que l'on trouve d'elle à l'époque, elle a un sourire immense, les sourcils arqués et des chapeaux à l'élégance crâne qui tracent une diagonale au travers de l'image. C'est à la fin des années 1920 qu'elle et Langston Hughes deviennent amis (peut-être plus), animés par le même désir de créer une littérature noire qui montrerait la créativité de la communauté afro-américaine – bien que leurs opinions politiques soient à l'opposé, Hurston se proclamant républicaine et Hughes communiste. Il lui présente sa « marraine », Charlotte Mason, et une nouvelle mécène riche et blanche fait son entrée dans la vie de Hurston. Entre 1928 et 1932, c'est Mason qui finance les travaux que Hurston mène sur le folklore noir américain dans le sud du pays, d'où naîtra notamment le recueil *Mules and Men*, paru en 1935.

Les années 1930 sont pour Hurston des années d'études de terrain (aux États-Unis mais aussi en Jamaïque et en Haïti) et d'écriture (elle publie trois romans et deux livres qui rendent compte de ses travaux). Les livres ne se vendent pas très bien, et certaines des critiques, notamment celles qui émanent de la communauté afro-américaine, sont violentes mais elles disent aussi, en filigrane, la place que Hurston occupe : on ne peut pas *ne pas* lire ses livres, on ne peut pas ne pas en parler – quand bien même on les déteste.

Les années 1940 ressemblent encore un peu aux années 1930, mais les voyages et l'argent se font plus rares. Dans un article[2] du *Los Angeles Times*, l'écrivaine Elizabeth Mehren rappelle qu'en additionnant les droits de ses romans, pièces, essais et nouvelles, Hurston a touché moins de mille dollars au cours de sa vie (on comprend mieux la nécessité du mécénat). C'est en 1942 que Hurston publie son autobiographie, *Dust Tracks on a Road*, laquelle peut encore raconter une histoire d'ascension en ignorant la dernière décennie qui se profile…

« L'HOMME BLANC C'EST LUI QU'EST LE MAÎTRE DE TOUTES LES CHOSES ICI-BAS. »

DIRE SON NOM ENTIER QUAND ON PARLE D'ELLE

Dans les années 1950, Hurston, installée en Floride, retombe dans la pauvreté. L'assistance publique remplace les mécènes et les chèques des éditeurs. Elle écrit notamment « Ce que les éditeurs blancs ne publieront jamais », un article pour le *Negro Digest* dans lequel apparaît cette phrase qui pourrait résumer sa vie : *« Un Noir qui a fait des études n'est pas pour autant une personne comme les autres, il n'est qu'un problème intéressant. »* Son succès relatif s'étiole et disparaît, ses écrits sont peu à peu oubliés : c'est d'autant plus facile que, déjà, au faîte de sa vie littéraire, ses pairs masculins lui ont reproché avec véhémence son manque de portée politique, lui ont reproché de verser dans une « sensualité facile » quand il aurait fallu faire la guerre. Richard Wright, l'auteur de *Black Boy*, a ainsi attaqué *Mais leurs yeux dardaient sur Dieu* en affirmant que le livre n'avait *« aucun sujet, aucun message, aucune réflexion »*, allant même jusqu'à accuser l'ouvrage de n'avoir pas été écrit pour un lectorat noir mais pour conforter les Blancs dans leurs préjugés. Hurston multiplie les petits emplois : bibliothécaire, bonne à tout faire, professeure remplaçante… Il n'est plus question de *« bondir vers le soleil »*, comme sa mère le lui répétait dans son enfance, uniquement de parvenir à survivre. À ce moment-là, j'imagine qu'on a dû l'appeler Zora, quand elle était une femme noire, vieille et pauvre au milieu d'autres. Alors il faut dire son nom entier quand on parle d'elle : Zora Neale Hurston. Elle meurt en 1960, dans l'anonymat.

Son nom est d'autant plus important qu'il n'est apparu sur sa tombe que près de quinze ans après sa mort, lorsque Alice Walker[3] et Charlotte Hunt ont remplacé la pierre nue, posée sur le corps de Hurston, par une autre qui la qualifiait de *« Génie du Sud »*. Walker a raconté cette enquête pour retrouver l'autrice oubliée – et, d'une certaine manière,

2. Elizabeth Mehren, « The Rediscovery of Zora Neale Hurston », *Los Angeles Times*, 7 avril 1991.

3. Alice Walker, née en 1944, est une autrice et activiste américaine qui fut engagée dans le mouvement des droits civiques. Avec le soutien d'une étudiante, Charlotte Hunt, elle a enquêté sur la vie et la mort de Zora Neale Hurston.

Zora Neale Hurston, possiblement entre 1935 et 1943.
© DR

délibérément effacée – dans « Looking for Zora » (un titre d'article qui ruine toute ma démonstration sur la nécessité de toujours citer le nom de famille). À la suite de Walker, plusieurs écrivaines noires américaines se sont emparées de l'œuvre de Hurston. Elles ont ouvert en deux la frise chronologique de l'histoire littéraire pour la réinstaller dedans et la proclamer leur ancêtre. Parmi celles qui disaient ou disent encore avoir reçu ses livres en héritage, on trouve Toni Morrisson, Maya Angelou, Jamaica Kincaid ou encore Zadie Smith. Les généalogies littéraires sont parmi les choses qui me fascinent : les familles inventées, choisies librement – et celle-là est particulièrement belle, j'ai envie de m'y glisser. La mémoire et les mots de Hurston circulent de l'une à l'autre de ces femmes depuis près de cinquante ans… mais elles ne sont pas arrivées jusqu'en France. De ce côté de l'Atlantique, le nom de Hurston est toujours manquant sur la pierre tombale. Quant à son roman majeur, *Mais leurs yeux dardaient sur Dieu*, paru en 1937 aux États-Unis (l'année où Margaret Mitchell reçoit le prix Pullitzer pour *Autant en emporte le vent*), il n'a été traduit en France que soixante ans plus tard par Françoise Brodsky au Castor Astral avant de connaître, en 2018, une nouvelle traduction chez Zulma par Sika Fakambi donc – on ne la citera jamais assez.

UNE AUTRE LANGUE QUE LE « PARLER NOIR » AMÉRICAIN

Lorsque le roman s'ouvre, Janie apparaît en salopette, ses longs cheveux pris dans une tresse. Elle traverse Eatonville, silencieuse et crottée, et les ragots naissent dans son sillage. D'où est-ce qu'elle s'en revient, celle-là ? Et pourquoi habillée comme ça ? Est-ce qu'elle n'avait pas quitté Eatonville au bras d'un homme plus jeune qu'elle ? Est-ce qu'il l'a laissé tomber après avoir bu son argent ? Les commentaires se déchaînent et, pour traduire les « parlottes », Sika Fakambi fait le choix de ne pas calquer mot à mot le « parler noir » américain, de déployer une langue qui paraît tout à tour perfusée de créole, de cajun ou de tournures béninoises. Comme le faisait remarquer l'écrivain Sylvain Pattieu, le « parler noir » d'*Autant en emporte le vent* est *« une langue tronquée, dégradée, imitation maladroite de celle des Blancs*[4] », quand celle de Hurston déploie *« sa complexité, sa capacité d'invention »* : ce n'est pas *« une langue plus pauvre, ou avec des "fautes" »*, c'en est une autre.

LE DÉSIR D'UNE FEMME NOIRE QUI N'AURAIT PAS DU DÉSIRER

Dans sa tentative pour expliquer son retour à Eatonville à son amie Phoeby, Janie se livre à une entreprise autobiographique, ou plutôt au récit de son rapport au désir depuis son plus jeune âge. C'est ce qu'est le roman : l'histoire du désir d'une femme noire qui, dans une société marquée par la domination des Blancs sur les Noirs et des hommes sur les femmes, n'aurait pas dû avoir le droit de désirer. *« Chère, l'homme blanc c'est lui qu'est le maître de toutes les choses ici-bas, aussi loin que j'en ai vu. […] Fait que l'homme blanc y jette le fardeau à terre et y dit à l'homme nègue d'aller le ramasser. L'homme nègue y va le ramasser pas qu'y faut bien, mais y va pas le porter rien du tout. Y va le refiler à ses femmes. La femme nègue c'est elle la mule du monde pour tout ce que j'en ai vu. »* Pourtant, Janie rêve et désire, dans une ampleur qui paraît inconvenante à son entourage.

C'est à l'adolescence, devant la floraison d'un poirier, que Janie réalise son *« désir de prendre à bras-le-corps la vie »*, désir d'un trouble sensuel, désir de beauté, désir d'embrasser qui se confondent chez la jeune fille, au grand désespoir de sa grand-mère qui voudrait la voir *« marier un tout bien comme y faut »* et qui l'accuse de ne vouloir *« que d'embrasser et de becquer et de s'enrouler autour du premier qu'arrive »*. Nanny, cette grand-mère qui fut

4. Sylvain Pattieu, « Vous avez aimé Scarlett, vous allez adorer Janie », *Le Monde*, 28 juin 2020, disponible en ligne.

“C’est alors que Joe Starks vit apparaître tous les sens de la repartie et sa vanité se mit à saigner à flots. Janie venait de le délester de cette illusion d’irrésistible masculinité que tous les hommes chérissent, et c’était atroce. À David, la fille de Saül l’avait fait. Mais Janie avait fait bien pire, elle avait jeté bas son armure vide devant ces hommes et ils avaient ri, continueraient de rire. Plus tard quand il ferait étalage de ses possessions, ils ne verraient plus les deux parties comme un tout. Ils contempleraient avec envie les choses et avec pitié l’homme qui les possède. Et quand, assis, il rendrait jugement, ce serait pareil. Des bonriennes-ries comme Dave et Lum et Jim ne voudraient même pas échanger leur place contre la sienne. Car qu’est-ce qui peut excuser aux yeux des autres hommes l’absence de puissance d’un homme ? Des petits morveux au derrière loqueteux de seize dix-sept ans lui adresseraient du regard leur pitié implacable tout en laissant leur bouche articuler quelque parole d’humilité. Il n’y avait plus rien à attendre de la vie. Toute ambition était vaine. Et cette cruelle trahison de Janie ! Toute cette ostentation d’humilité quand depuis le début elle le méprisait ! Riait de lui, et maintenant incitait la ville entière à faire de même. Joe Starks ne savait pas les mots pour le dire mais il savait le ressentiment. Alors il frappa Janie de toutes ses forces et la chassa du magasin.”

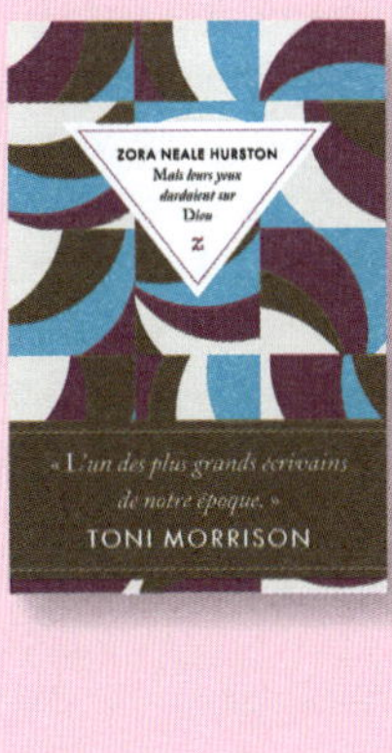

Mais leurs yeux dardaient sur Dieu, éditions Zulma, 2018 (extrait page 130)

esclave et violée par son maître, fait peser sur sa petite-fille le poids de ses contradictions, lui disant à la fois *« toi y a pas rien qui peut t'empêcher de désirer »* mais décidant de la marier à un homme dont elle ne veut pas alors qu'elle n'a que seize ans. Dans la pensée de Nanny, on ne peut se protéger de la violence des hommes qu'en choisissant la moindre violence, celle du mariage avec *« un tout bien comme y faut »* (c'est-à-dire qui possède les fameux *« quarante acres et une mule »* promis aux anciens esclaves à la fin de la guerre de Sécession), ou, en d'autres termes, ce n'est qu'en devenant la propriété d'un homme bien que l'on tiendra les autres à l'écart. Et Nanny de soupirer : *« Je peux pas mourir en doucement si je pense que des hommes qu'y soient blanc qu'y soient noirs y vont peutête te traiter comme si t'étais leur godet à cracher. »* C'est un refrain qui revient souvent dans la vie de Janie, cette nécessité de trouver un protecteur : *« Une femme toute seule, c'est une chose regrettante. Y leur faut ça de l'aide et de l'assistance. »* Mais pour l'instant, Janie a seize ans et elle vient d'épouser un homme qu'elle n'aime pas, persuadée que l'amour viendra avec le mariage puisqu'elle ne voit pas comment vivre sans et que c'est ce que lui ont répété les autres femmes. Ce qu'elle découvre lors de cette première union, c'est que l'amour et le désir n'ont qu'un sens : c'est l'homme qui veut la femme, jamais l'inverse. Mais Janie est incapable de s'en satisfaire : *« Moi je voudrais bien vouloir de lui en quèque fois. Je veux pas ça qu'y soye tout seul à faire tout le vouloir. »* Cette dynamique à sens unique permet à l'homme de ne jamais s'efforcer d'être désirable. Il n'essaie même pas d'être propre ! Janie s'offusque de ce que son mari ne se lave pas les pieds avant de venir se coucher contre elle, alors même qu'elle dispose une bassine près du lit à cet effet. En relisant cette scène, j'ai pensé à l'épisode des *Couilles sur la table* « Érotiser les hommes », dans lequel Victoire Tuaillon et Maïa Mazaurette abordent ce sujet du corps masculin désirable et soulignent les écarts significatifs entre hommes et femmes dans les gestes élémentaires de propreté[5]. Et le corps n'est qu'un aspect du problème : *« Y dit même pas jamais une chose qui soye jolie »*, soupire Janie.

5. Selon une étude américaine de 2018, les femmes seraient plus nombreuses à se laver les dents deux fois par jour (65 % pour elles, 52 % pour eux) ; à changer de sous-vêtements tous les jours (88 % pour elles, 78 % pour eux) ; à prendre une douche deux fois par jour ; à se laver les mains après avoir pris les transports en commun (74 % / 66 %). Statistiques accessibles sur le site de Binge Audio, épisode #55 du podcast *Les Couilles sur la table*.

Elle ne s'y résout pas. Elle part avec un autre homme, un qui soigne sa personne, ses vêtements, parle bien, un qui paraît plus désirable : Joe Starks. Ils s'installent ensemble à Eatonville, une ville habitée uniquement par des Noirs (et où Hurston prétendait qu'elle était née). C'est une des choses qui me fascine dans ce livre : l'absence quasi totale des Blancs, à l'exception des soldats et des jurés à la fin du roman. Hurston fait le choix éminemment politique, contrairement à ce qu'ont pu affirmer certains de ses contemporains, de placer son intrigue dans une société afro-américaine et de repousser les Blancs dans les marges du récit. Elle ne livre pas pour autant un roman dont le racisme serait absent et traite notamment de l'« intra-racisme », du racisme interne à la communauté qu'elle décrit, à travers le personnage détestable et presque bouffon de Mrs Turner qui méprise *« les nègues noirs »* et donne raison aux Blancs de les haïr. Mrs Turner est persuadée que ceux qui ont le teint clair pourraient être acceptés par les Blancs et que ce sont ceux à la peau foncée qui créent une frontière indépassable entre Blancs et Noirs. Elle essaie donc de s'en distancier autant que possible et, rongée par l'espoir de ne plus être vue comme noire, elle inspecte chaque soir sa physionomie pour y trouver des traits caucasiens.

JOE POSSÈDE UN CRACHOIR DORÉ ET UNE BELLE FEMME

Joe Starks, le deuxième mari de Janie, est un homme d'ambition et prétend la traiter comme une reine. Tout au long du roman, c'est une chose qui revient dans la bouche des hommes qui courtisent Janie : ils lui parlent de ce qu'elle *« mérite »*, jamais de ce qu'elle veut. *« Ça parlait honneur et ça parlait respect. Et tout ce qu'ils disaient et tout ce qu'ils faisaient s'en allait se réfracter dans son indifférence pour se perdre au bord des ossements du néant. »* Dans le magasin que Joe vient de faire construire, Janie est entourée de belles choses, mais elle n'est pas là pour les utiliser : elle n'est elle-même qu'une des belles choses que son mari utilise pour impressionner la population. Joe possède un crachoir doré et une belle femme, voilà tout. Il lui interdit de parler avec les hommes de la ville, de faire un discours ou même de participer aux cérémonies qui rythment le quotidien d'Eatonville. Rapidement, il l'oblige à porter un foulard lorsqu'elle sert la clientèle, pour dissimuler sa merveilleuse chevelure. Ce qu'il y a de bouleversant dans les portraits que dresse Hurston, c'est qu'elle mentionne la souffrance de Starks devant cette situation absurde (il est impossible, donc, que ce qu'on lit soit strictement le récit que Janie fait à Phoeby, Hurston reprend clairement les rênes par endroits pour permettre d'autres points de vue). Joe est jaloux des commentaires des autres hommes sur la beauté de sa femme, beauté qu'il a lui-même exhibée devant les autres hommes pour les rendre jaloux. Il ne sait plus quoi faire de son trophée et il n'ose pas l'avouer. La domination qu'il exerce sur elle ne lui assure pas la tranquillité, au contraire. À aucun moment, Joe ne saura que faire de sa femme. À aucun moment, il ne lui vient à l'esprit qu'il n'a rien à en faire, qu'elle saura vivre par elle-même. La rancune s'installe entre les deux. Joe en veut à Janie de son ingratitude : *« lui qui déversait tant d'honneurs sur elle, qui lui élevait le haut siège pour s'asseoir et contempler le monde ici-bas et elle qui faisait la moue devant tout ça. »* Il lui donne ce qu'elle ne veut pas et ne lui donne pas ce qu'elle veut – tout le problème vient du fait qu'il pense aux femmes comme à un ensemble et qu'au nom de celles qui seraient bien heureuses d'être à la place de Janie, Janie se doit de se réjouir. Il n'est d'ailleurs pas le seul à le faire. Lors des parlottes qui ont lieu tous les soirs, sur les marches du magasin, les hommes assemblés assurent savoir ce que « les femmes » veulent (eux, la plupart du temps). Les comparaisons animalières se multiplient, avec les vaches, avec les poulets, affirmant jour après jour qu'il n'y a pas tant de différence entre une femme et une autre : elles font troupeau. Un jour, Janie intervient : *« Comment vous serez bien étonnés le jour où vous allez comprendre que vous savez même pas la moitié des choses que vous croyez savoir sur nous. »* Et peut-être que la première chose à oublier serait qu'il existe un « nous » quand on parle

« MOI, CE QUE JE VEUX, C'EST UTILISER TOUT MON MOI-MÊME. »

du désir, un « les femmes » désirant de concert les mêmes choses, ayant listé les mêmes désirs minuscules, peut-être un désir unique : avoir un mari qui ne me bat pas. Janie est de la trempe de Hurston sur la question du désir : elle ne se satisfera pas de ce qu'on lui donne, elle veut bondir vers le soleil. Une des particularités du personnage de Janie, que je n'ai remarquée qu'à la relecture du roman, tant Hurston choisit de ne pas s'appesantir sur la question, c'est qu'elle n'a pas d'enfant. Elle connaît trois « mariages » sans que la maternité n'intervienne, et elle rompt ainsi avec le modèle proposé par Nanny, laquelle *« raclait la terre »* uniquement pour s'assurer que sa progéniture aurait de meilleurs lendemains. Pour Janie, il n'y a pas de lendemain, il n'y a pas de vies futures qui viendront continuer la sienne et peut-être l'améliorer, il n'y a que l'impérieuse question du maintenant – ce qui rend d'autant moins supportable la violence ou la médiocrité des hommes qui l'entourent.

FÉMINITÉ ET VIRILITÉ INÉGAUX DEVANT LA CRITIQUE

« Toi y a pas rien qui peut t'empêcher de désirer. » Ce que décrit Hurston, c'est la prise de conscience, par Janie, que son désir est jugé extraordinaire ou puéril. Pourtant, jamais elle ne l'abandonne : elle apprend à ne plus le montrer, à ne plus en parler, à le garder *« dans son dedans »* mais elle refuse de s'assécher. Elle agit pour protéger sa capacité à désirer, pour ne plus l'abîmer ou l'amoindrir sur un homme comme son deuxième mari dont elle n'espère plus rien. *« Elle était restée là jusqu'à ce que quelque chose tombe d'une étagère à l'intérieur d'elle-même. Puis elle était entrée dans cet intérieur pour voir ce qui était tombé. C'était l'image qu'elle avait de Joe, dégringolée et fracassée. »* Devant la distance qu'elle adopte, Joe entreprend de la vexer, de l'humilier, attaquant à la fois son intelligence et son physique, lui rappelant en public qu'elle n'est plus de première jeunesse (*« t'es de la vieille carne à l'heure présente »*) alors qu'il est beaucoup plus âgé qu'elle. Il y a une scène que j'aime particulièrement, au cours de laquelle Janie – insultée par son mari devant les clients – lui répond en l'attaquant sur les faiblesses de son vieux corps. Elle comprend alors, devant les réactions horrifiées de ceux qui sont présents, que l'on ne critique pas de la même manière la féminité d'une femme et la virilité d'un homme, que la première est offerte à tous les commentaires mais que la seconde est sacrée.

Enfin, arrive le personnage de Tea Cake, et avec lui l'irruption du désir et une certaine émancipation par le désir, le refus de se laisser emprisonner par les convenances et le regard des autres. Ce qui est moderne, ou tout simplement trop rare, dans la description que Hurston fait de ce personnage et du couple qu'il va rapidement former avec Janie, c'est que lui est d'abord décrit comme un objet de désir. Une des premières choses que l'on saura de cet homme, c'est que ses lèvres sont *« pleines et pourpres »* et qu'il est beaucoup plus jeune que Janie. Par ailleurs, c'est elle qui, la première, lui attrape la main pendant une partie de dames. C'est elle qui flirte en lui demandant *« s'il est sucré »*, comme son surnom le laisse penser. Janie désire et Janie agit. Avec lui, elle découvre le jeu, la danse, les paysages des Everglades, le plaisir de se regarder dans le miroir en se trouvant désirable. Elle apprend aussi à tirer au fusil et devient capable de se défendre seule. C'est l'histoire de Tea Cake et de Janie, j'imagine, qui a fait dire à Oprah Winfrey que *Mais leurs yeux dardaient sur Dieu* était *« le plus beau roman d'amour de tous les temps »*, même si on pourrait trouver plusieurs scènes qui viennent tempérer cette impression de conte de fées, comme celle où Tea Cake frappe Janie, ou celle où il lui vole son argent. Pour moi, c'est surtout l'histoire d'une femme qui affirme contre tous *« Moi, ce que je veux, c'est utiliser tout mon moi-même »* et qui défie le silence que les hommes lui ont imposé en se racontant tout au long du livre. ●

1891
Naissance de Zora Neale Hurston en Alabama.

1914
En Louisiane, une loi instaure aux guichets des cinémas, une distance minimum obligatoire de 7,50 mètres entre les Blancs et les Noirs.

1918
Zora Neale Hurston, entame ses études d'anthropologie à la Howard University, puis intègre le Barnard College grâce à une bourse.

1937
Parution de *Their Eyes Were Watching God* (*Et leurs yeux dardaient sur Dieu*).

1955
Rosa Parks lance la campagne de boycott des bus de Montgomery en Alabama.

1960
Zora Neale Hurston décède d'une crise cardiaque. Elle est enterrée anonymement au cimetière de Fort Pierce en Floride.

2018
Parution de *Et leurs yeux dardaient sur Dieu* aux éditions Zulma, traduction de Sika Fakambi.

Zora Neale Hurston
et des amis, probablement
à Belle Glade, en Floride, 1935.
© LOMAX COLLECTION

LES VICTORIEUSES DE PLOGOFF

Nous sommes en 1974, l'État lance un vaste programme de construction de centrales nucléaires partout en France, qui rencontre immédiatement de vives résistances. Plogoff, en Bretagne, figure parmi les victoires les plus célèbres de la mobilisation contre l'atome. De cette lutte, on retient souvent les épouses des marins qui participèrent aux émeutes. Mais beaucoup de femmes se sont engagées sans forcément se revendiquer militantes. Une chose les relie : la lutte de Plogoff a marqué leur vie à jamais.

DESSINS **Jul' Maroh**

Jul' raconte des histoires à travers divers médiums graphiques, dont principalement la bande dessinée et les incantations illustrées. Iel a cofondé le collectif féministe Bd Égalité.

SCÉNARIO **Coline Guérin**

Titulaire d'un mémoire de sociologie à l'École des hautes études en sciences sociales sur les engagements écologistes et féministes en Bretagne en 1968, Coline Guérin est aujourd'hui chercheuse indépendante.

Que deviennent des militant·es après s'être mobilisé·es contre un projet nucléaire pendant des années ? En 2017, j'ai commencé à me poser cette question en observant le projet d'enfouissement des déchets radioactifs à Bure (projet Cigéo dans la Meuse). Je m'appelle Coline, je suis chercheuse indépendante, je travaille sur le genre et les luttes écologistes. Alors que j'avais un pied à l'université et que la répression commençait à asphyxier la mobilisation, je cherchais (peut-être naïvement) un peu d'espoir dans l'histoire du mouvement antinucléaire français.

Au même moment, j'entamais des recherches sur les nombreuses mobilisations de femmes contre le nucléaire en Europe et en Amérique du Nord dans les années 1980. La question : « Qu'allait-on devenir ? » s'est progressivement transformée en : « De qui étions-nous les héritier·ères, nous qui nous battions contre Cigéo, contre le nucléaire, nous féministes, nous qui cherchons à nous émanciper dans les ruines ? »

Je suis rapidement tombée sur Plogoff : sa victoire et ses femmes de marins. Pleine d'entrain, j'ai mis le cap à l'ouest afin de rencontrer des femmes ayant participé à cette lutte. Quatorze d'entre elles sont devenues le sujet de mon mémoire de fin d'études.

Parmi ces femmes, Marie Nicolas et Vonnick Carroff m'ont semblé incarner la diversité des rôles pendant la lutte et ses conséquences émancipatrices. Leurs récits de vie ne se résument pas à un avant/après la lutte mais à l'ouverture, l'affirmation, l'accélération d'une politisation, d'une émancipation quotidienne, qui s'opèrent sur le temps long.

Aujourd'hui, la question « De qui sommes nous héritier·ères ? » se transforme à nouveau. Elle devient: « De qui voulons-nous hériter ? » pour nous émanciper, individuellement comme collectivement, pour nous donner de la force, pour que nos luttes trouvent des prises face aux mégastructures industrialo-étatiques et patriarcales ?

Mai 2018.
Je relis les notes de mon premier séjour au cap Sizun.
Recits de vie de femmes autour de la lutte de Plogoff (1974-1981)
Je déteste prendre des notes.
La mémoire, c'est quoi ?
Les émotions.
Je plongeais petit à petit avec les grandes marées. J'ai pleuré, accroupie sur une dalle, la tête orientée vers le ciel, et mes pieds ancrés dans ce sol qui happe, qui fait tenir le corps quand le vent souffle trop fort.
Je me sentais déjà entre deux mondes, bouleversée, cette recherche allait m'habiter.

Plogoff pour moi, c'était : un soulèvement populaire, des barricades, des habitant·es avec des lance-pierres autour du cou...
... et surtout des femmes de marins harcelant les gardes mobiles jour et nuit...
J'aurais honte d'avoir un fils comme toi !
POLICE

On critique la Russie mais ici, à Plogoff, c'est pareil, hein, alors il faut se battre contre l'État policier.
C'était le bout du monde, c'était une victoire, un îlot détaché de l'État nucléaire...

Faites que Plogoff devienne une île !
Plogoff, la victorieuse lutte du bout du monde... Mais qu'est-ce qu'il en restait ? Comment cette lutte avait-elle transformé les gens ? Et surtout ces femmes ? Qu'étaient-elles devenues ensuite ?

Paris, 2018.
Je ne veux plus parler !
Merde !
Face aux silences, aux refus ou à la mort de celles qu'on nomme « les femmes de Plogoff », il fallait décaler le regard, aller à la rencontre de celles, vivant dans les villages alentour qui ont également pris part à la lutte sans pour autant être sous les projecteurs...
... pour comprendre ce que l'engagement dans cette lutte a pu activer, affirmer, transformer chez elles, leur politisation et leur émancipation plus intime.
Vonnick est l'une d'entre elles.

Paris, décembre 1974.
TRIPERIE
P.M.U.
DU JOUR
METRO
Tu as vu ?!
Ils veulent faire ça chez nous, à Plogoff !
RAMBUTEAU
METRO
METRO
ouest france
CENTRALE NUCLÉAIRE
De retour de Paris ?
Nous sommes rentré·es aussitôt, nous vivrons ici tant que le projet ne sera pas annulé.
1er janvier 1975.

Vonnick avait été horrifiée par les essais nucléaires de la France dans le Sahara et en Polynésie. Mais elle ne se définit pas comme une militante antinucléaire typique, au profil « contre-expert » attaché aux arguments techniques.
Elle laisse à d'autres le soin d'écrire les tracts et de peaufiner les argumentaires. Marie, c'est plutôt son truc..
On pourrait dire que...
Comité Régional d'Information Nucléaire
NON à la CENTRALE NUCLÉAIRE
... La politique, c'est enlever dès maintenant le monopole des décisions qui nous appartiennent des mains des technocrates et des expert·es scientifiques et politiques. Après tout, nous sommes tous·tes des expert·es de la Vie.

L'ÉCONOMIQUE
À LA GALETTE St GEORGES
ALIMEN
À cette époque, l'air est encore chargé du parfum et des idées d'autogestion et d'émancipation de Mai 1968.
Cette année-là j'ai intégré les Beaux-Arts de Rennes. Je me suis retrouvée dans un monde où tous·tes réclamaient plus de liberté. Moi je les trouvais déjà tellement libres.
J'ai passé tout 1968 à me demander : « Comment peut-on être encore plus libre que ça ? »
Plogoff a été pour moi mon Mai 68, enfin, presque. Ce n'était pas une lutte aussi totale que Mai 68, mais c'était tout aussi prenant.

À cette époque, j'étudiais la biochimie à Lyon, j'étais passionnée.
Le nucléaire est une énergie extraordinaire. Marie aurait pu, comme beaucoup de ses camarades choisir d'aller travailler au CEA, mais un cours sur les victimes d'Hiroshima et Nagasaki l'a horrifiée. Elle a vite compris que le nucléaire est incompatible avec le vivant.
Avec mon mari Gilbert, nous sommes arrivé·es à Quimper en 1973, puis nous avons acheté cette grande maison, rue du Palais.
Nous avons vécu avec trois autres adultes, des militants non violents pendant quelques années, et avec nos deux enfants... Tu sais, c'était l'époque quoi, nous étions une communauté.

Nous avons fait le choix de vivre avec un seul salaire et de consacrer ce temps disponible pour le commun. Je travaillais alors au lycée comme prof de chimie et Gilbert s'occupait de la maison, des enfants et surtout militait beaucoup. Nous avons toujours beaucoup milité.
PALAIS DE JUSTICE
Monsieur Nicolas, vous feriez mieux d'aller à la mer avec vos enfants !
Mais madame, je leur apprends l'histoire !
Au plus fort de la lutte, en 1980, j'ai accouché de mon deuxième enfant.
La lutte était omniprésente dans la chambre mais je n'en ai pas gardé un goût amer, pas du tout. C'était comme ça, nous formions une nouvelle famille, une autre famille.
Il faudra qu'on prépare une fête quand l'enquête publique sera finie...
Je crois que le carnaval a bien plu, c'était une bonne idée !
Oui ! As-tu vu ? Les médecins nous rejoignent !
Et les avocats sont en grève à Quimper !

Tu pourras garder mes enfants demain soir ? Entre le boulot et les réunions, je ne vais pas y arriver.
Évidemment.
Je n'avais pas « l'âme d'une militante », les réunions, ça me gonflait vite. Et puis, il fallait bien quelqu'un pour faire le « lien » entre les gens. Y a besoin de ça dans une lutte, comme entre deux voitures de train, des espaces de liaison, de jeux, quelqu'un qui occupe les enfants.
Je préférais être en retrait, laisser à ceux qui le voulaient le temps de donner des réunions publiques pour informer la population, d'organiser la mobilisation, d'apporter leur soutien, etc.

Marie, tu me disais que dans les années 1980, après la lutte, tu avais continué à militer et à tenter de lier féminisme et antinucléaire ?
La communauté, ça s'est arrêté, nous sommes tous·tes à la maison avec Gilbert et la famille. Nous avons adopté deux autres enfants...
J'ai continué à militer, dans les années 1980, c'était l'écoféminisme, Françoise d'Eaubonne tu connais ?
En 1982, je me suis unie aux réflexions sur la santé et le nucléaire avec le planning familial de Quimper.
partisans
LIBERATION DES FEMMES
ANNEE ZERO
libération des femmes
LE TORCHON BRULE
contraception avortement
nous mêmes
Je relis les passages qu'on vient de modifier et tu me dis si ça va.
« En effet, nous savons que le nucléaire constitue une menace à la fois pour nous-mêmes et pour les générations à venir. (...) Alors, contrôler la vie, oui, encore faut-il que la survie soit assurée, que nous ne programmions pas en même temps la mutilation plus probable, sinon l'assassinat, des enfants que nous aurons "librement" mis au monde. »

Vonnick, sa lutte c'était la peinture.
S'émanciper, ça dure toute une vie...
Et après la lutte ?
Plogoff, ce n'est pas qu'un souvenir. Je suis devenue Plogoff ! J'ai eu des choses à libérer encore après la lutte, mais déjà contester, oser contredire, pour moi c'était énorme.
Après, j'en étais pas à la libération du corps, cela m'a pris beaucoup de temps. C'est à 40 ans que j'ai commencé à savoir un petit peu ce que c'était la libération... et à 70, je me libère encore davantage. La famille qu'on formait avec les copains de la lutte, ça a fait comme éclater mes repères... qui aimer, qui adopter, qui sauver ?
Elisabeth, elle est plus « militante » que moi, tu as dû la voir à la soirée de soutien à Bure l'autre jour...
ACCUEIL
Ce qui se passe aujourd'hui à la ZAD de Notre-Dame-Des-Landes ou à Bure, toutes ces manières de vivre autrement, ça requinque, c'est génial d'être décapée !

* Sans hommes cisgenres (dont l'identité de genre est en concordance avec le sexe assigné à la naissance).

POUR ALLER + LOIN

Lointaines cousines ou héritières de la lutte de Plogoff, des masses muettes de femmes se mobilisent en France contre le nucléaire depuis les années 1960.

LES GUÊPES DE FESSENHEIM

1970

C'est le premier *crew* de femmes opposées à un projet de construction d'une centrale nucléaire en France: celui de Fessenheim, au début des années 1970. S'inspirant de militantes américaines, trois femmes – Annick Albrecht, Françoise Bucher et Esther Peter-Davis – ont multiplié les réunions d'information sur le nucléaire. Leur brochure sur les dangers de l'atome, *Fessenheim: vie ou mort de l'Alsace* (1970) témoigne de leur précieux travail de documentation.

LES FEMMES DE CHOOZ

1979

À la fin des années 1970, un groupe de femmes a joué un rôle majeur dans la mobilisation contre la centrale de Chooz, dans les Ardennes. Quelques jours après l'accident de la centrale de Three Mile Island, en Pennsylvanie, aux États-Unis le 29 mars 1979, plusieurs d'entre elles s'organisent pour séquestrer le maire pronucléaire de Chooz, exigeant que le directeur de la centrale vienne s'expliquer sur les mesures prévues en cas d'accident dans le village.

LES MÈRES EN COLÈRE DE LA HAGUE

1997

En janvier 1997, suite à la publication d'un rapport sur les cas de leucémie infantile dans le canton de La Hague, où se trouve l'usine de retraitement de déchets nucléaires Cogema, un collectif de femmes se monte: Les mères en colère. L'étude montre un taux de leucémie chez les enfants trois fois plus élevé que la moyenne nationale. Alors qu'éclatent plusieurs scandales mêlant hommes politiques et scientifiques, ces mères de famille vont jouer un rôle important dans la mise en place de comités d'experts locaux et européens pour mesurer la radioactivité du site et de ses alentours.

LES BOMBES ATOMIQUES

2019

Ce collectif a organisé les 21 et 22 septembre 2019 un week-end festif antinucléaire à une dizaine de kilomètres du village de Bure, dans la Meuse. Le 21 septembre, 500 personnes en mixité choisie manifestaient devant le laboratoire de l'Andra (Agence nationale pour la gestion des déchets radioactifs): un souffle nouveau pour le combat contre le projet Cigéo d'enfouissement de déchets nucléaires et pour la lutte antinucléaire de manière générale. C'est une grande première en France: une manifestation se revendiquant à la fois féministe et contre le nucléaire.

LES VICTORIEUSES DE PLOGOFF

19

C'est le nombre d'années, de 1981 à 2000 pendant lesquelles des femmes se sont mobilisées pacifiquement contre l'installation de missiles nucléaires à Greenham Common en Angleterre, l'un des plus grands camps écoféministes antinucléaires du monde. Une expérience collective hors du commun.

Alice Cook et Gwin Kirk, *Des femmes contre des missiles. Rêves, idées et actions à Greenham Common,* éditions Cambourakis, 2016

LIVRE

DOCUMENTAIRE

PLOGOFF, DES PIERRES CONTRE DES FUSILS

Au départ, Nicole Le Garrec et son mari Félix étaient juste venu·es à Plogoff pour soutenir la mobilisation contre le nucléaire. Devant l'ampleur du mouvement, ils sont finalement resté·es deux mois sur place, caméra au poing, pour témoigner des évéments. Sorti en 1980, *Plogoff, des pierres contre des fusils* est un document précieux sur cette page d'histoire de la Bretagne et un des rares films sur le nucléaire ayant été diffusé en salle – il a comptabilisé plus de 250 000 entrées. Restauré en 2019, il est ressorti au cinéma en février 2020.

***Plogoff, des pierres contre des fusils*, un film de Nicole et Félix Le Garrec, 1980**

LIVRE

FUKUSHIMA

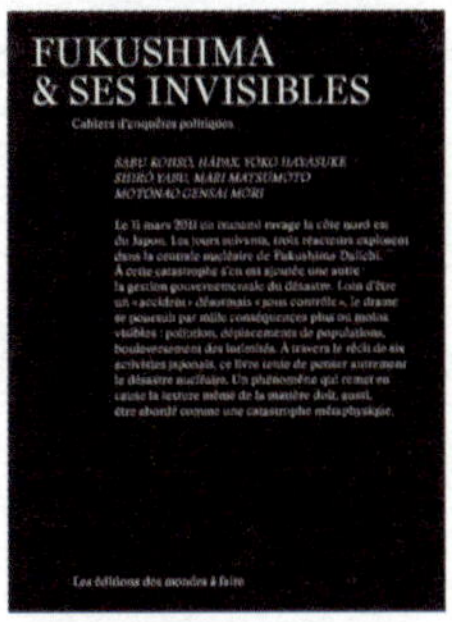

« Durant mes vingt années d'engagement féministe, je n'ai jamais vu un nombre aussi significatif de mères se mobiliser [...] Des femmes et des mères agissent sans recours à la théorie, pas même féministe. Elles opèrent un déplacement significatif par rapport à un imaginaire profondément ancré dans la société japonaise, qui ne se réfère au terme de "mère" que pour évoquer une connexion émotionnelle aux enfants », écrit l'activiste Mari Matsumoto à la page 133 de cet essai à propos du rôle des mères dans l'après catastrophe nucléaire de Fukushima survenue en mars 2011. Dans ce livre, six activistes japonais étudient les conséquences plus ou moins visibles de l'explosion des trois réacteurs de la centrale nucléaire.

Collectif, *Fukushima et ses invisibles. Cahier d'enquêtes politiques,* Éditions des mondes à faire, 2018

PODCAST

© ANNA WANDA GOGUSEY

DÉFENDRE NOS TERRITOIRES

Dans ce premier épisode d'une série d'*Un podcast à soi* consacré aux écoféminismes, Charlotte Bienaimé montre comment s'articulent destruction de la planète et violences faites aux femmes, écologie et féminisme, en donnant à entendre la militante indienne Vandana Shiva, la philosophe Émilie Hache ou encore des membres du collectif Les Bombes atomiques. C'est limpide et bien mené.

Un podcast à soi, de Charlotte Bienaimé, épisode 21 « Écoféminisme, premier volet: défendre notre territoire », diffusion Arte Radio.

NAÎTRE
AUX ORIGINES DU **GENRE**

« C'est une déviation, une folie, mais je crois même qu'il s'agit d'un crime. On n'a pas le droit d'aller contre la vérité et la théorie du genre est un mensonge », écrivait le député UMP de Paris, Bernard Debré, sur son blog, en juin 2013. Quelques semaines plus tôt, le projet de loi ouvrant le droit au mariage et à l'adoption pour les couples de même sexe avait été adopté ; las, ses opposants appelaient désormais à manifester à Paris contre *« l'invasion de la théorie du genre »*, accusée de nier toute différence entre les garçons et les filles. En France, le genre s'est imposé dans l'opinion publique de la pire des manières, à travers la parole éminemment polémique et dévoyée des tenants de la Manif pour tous. Si la « théorie du genre », telle que présentée par ses pourfendeurs n'existe pas, le genre est un concept qui, lui, existe bel et bien depuis plusieurs décennies et autour duquel s'articule tout un champ de la recherche, notamment en sciences sociales.

Né à proprement parler dans les années 1950 dans le milieu médical psychiatrique aux États-Unis pour décrire les écarts entre l'anatomie (le sexe) et l'identité (le genre) dans les situations d'hermaphrodisme – désignées aujourd'hui sous le terme d'intersexuation – ou de transsexualisme, le concept de genre est repris dans les années 1970 par des chercheuses féministes. En écho à la célèbre phrase de Simone de Beauvoir *« On ne naît pas femme, on le devient »*, elles s'en emparent pour dénaturaliser le sexe et mettre en évidence les normes socialement construites qui s'exercent sur chacun·e. Dès nos premières réflexions autour de la revue, il nous a paru fondamental de mettre en lumière ce puissant outil critique des rapports de pouvoir. Mais comment ? Concept universitaire aujourd'hui largement répandu dans le milieu militant, le genre n'est-il pas trop difficile à appréhender dans une revue grand public ? Pour montrer à quel point le genre est partout, nous avons décidé de nous saisir de toute une série d'expériences très concrètes. Chaque trimestre, notre dossier sera consacré à un thème déclinable à l'infinitif : manger, se battre, aimer, mais aussi voter, danser, parler, marcher, etc. La liste est potentiellement infinie. Une cinquantaine de pages confiées à des chercheur·ses, militant·es, artistes et journalistes, non pour faire le tour du sujet de manière exhaustive, mais pour donner à penser nos modes de socialisation et déconstruire nos comportements les plus intimes et anodins.

Pour ce tout premier numéro de *La Déferlante*, c'est évidemment le verbe «naître» que nous avons choisi. Non pas «donner naissance» ou «accoucher» mais bien «naître» comme sujet. *«Naître femme, pour ma génération, c'était faire partie de cette moitié de l'humanité, qui, jusqu'à sa mort, subirait toutes les discriminations. Pour la seule raison qu'on ne naissait femme que pour le devenir»*, écrit Gisèle Halimi en 1992 dans *La Cause des femmes*. Même si la condition des femmes a évolué depuis, naître fille ou garçon, toutes choses égales par ailleurs, n'offre évidemment pas le même destin. *«On ne naît pas femme, mais on en meurt»*: ce collage féministe aperçu courant 2020 sur les murs du quartier de la Plaine à Marseille, le résume très bien. En faisant se télescoper l'inégalité fondamentale des genres face à la vie comme à la mort, il met en évidence à quel point le genre est un puissant révélateur des rapports de domination. Et c'est précisément parce que la naissance mêle inextricablement le biologique, le social et le culturel qu'il nous a semblé intéressant de raconter comment on naît fille, garçon, personne intersexe, enfant sous X, ou comment on devient une femme transgenre…

REFUSER LE DÉTERMINISME

«C'est une fille ou un garçon?» Avant même de naître, in utero, l'identité –de sexe et de genre– des bébés cristallise les attentes et les projections. Puis, comme le dit Céline Puill, la sage-femme dont nous publions le témoignage, *«en salle de naissance, le genre est partout»*, y compris dans la façon dont se déroule l'accouchement. À rebours d'une vision doloriste d'une transition de genre, Adèle Orain livre, quant à elle, un récit plein de joie sur le chemin qui l'amène à se réunir en tant qu'individu. À travers la parole de l'une de ses membres, le collectif Intersexes et Allié.e.s explique le combat mené pour améliorer la visibilité des personnes intersexes. Enfin, si la naissance peut être considérée comme un événement politique, le fait de ne pas naître l'est tout autant. *«À une autre époque, et si ma mère de naissance avait été d'une autre origine, elle aurait peut-être eu la possibilité d'avorter et je ne serais pas née»*, explique Amandine Gay, née sous X, dans l'entretien que nous publions. Au-delà du fait de naître femme, refuser le déterminisme de la maternité et la poursuite du fil des générations est aussi une manière de naître comme sujet féministe. •

Lucie Geffroy

« Je suis sage-femme depuis neuf ans...

TEXTE
Céline Puill
Diplômée de l'école des sages-femmes de Rouen, Céline Puill a d'abord travaillé à l'hôpital public, puis à la maternité des Bluets, à Paris. Elle exerce aujourd'hui comme libérale à Fontenay-sous-bois (Val-de-Marne).

Dès le début, j'ai eu le sentiment d'avoir un problème. Je ne comprenais pas ce qui se passait dans les salles de naissance : j'observais beaucoup de réponses médico-économiques, alors que d'autres choix pouvaient être faits. Je n'avais pas le temps d'accompagner les gens. Après certaines gardes, je me disais : *« Si tout le monde en sort vivant, c'est déjà bien… »* À l'époque, l'expression « violences obstétricales » n'existait pas. J'ai fait un master de sociologie pour essayer de comprendre qui avait un problème : moi, le monde, ou les deux ?

Parallèlement, j'ai cherché des pratiques alternatives à mon travail, je me suis intéressée à l'accouchement à domicile. Cette réflexion m'a aussi amenée à me questionner sur mon propre parcours. J'ai compris que je devais aller bien pour bien accueillir les autres. Je me souviens, lors d'un stage de méditation auquel je participais, d'une femme qui me disait : *« Quand je suis en méditation profonde, je fais des mouvements comme ça. »* En la regardant faire ses gestes, je me demandais pourquoi cette dame me mimait des mouvements de bébé qui tourne dans le bassin. Je lui ai posé des questions sur sa naissance, elle avait peu d'informations, donc elle a échangé avec sa mère et je l'ai vue se transformer au cours du séjour. Elle était auxiliaire de puériculture. C'est fou comme toute une vie on peut tourner autour d'un même événement : sa naissance.

J'ai progressivement compris l'importance de mon travail et que les bébés, corporellement, émotionnellement, ressentaient leur arrivée au monde. Parallèlement à ce travail sur moi, j'ai regardé différemment les nouveau-nés, j'ai changé mon rapport à eux. Beaucoup d'incompréhension les entourent, des projections de fonctionnement d'adultes.

La question du genre du bébé arrive bien avant la naissance. Par genre, j'entends le processus qui divise et hiérarchise l'humanité en deux catégories: «homme» et «femme». Au moment de l'échographie, la majorité des couples veulent connaître le sexe de leur enfant. On voit bien qu'essayer de prédire le genre d'un enfant participe d'une gestion de la vie. Les gens veulent se préparer, mais c'est aussi une tentative pour contrôler, maîtriser ce qui est en train de se produire. Parfois, je vois des futurs parents qui me disent attendre le sexe du bébé pour acheter *«tout ce qu'il faut»*. Cela amène à se questionner plus largement sur ce qui est important dans l'accueil de l'enfant. Qu'est-ce qui fait que nous voulons classer comme fille ou garçon la personne en devenir?

En salle de naissance, le genre est partout: dans les relations entre les sages-femmes et les médecins (c'est toute une histoire...) et dans la façon dont se passe l'accouchement. Un exemple: comment le corps d'une femme qui accouche est-il traité? Est-il vu comme capable d'accoucher ou comme une entité déficiente qu'il faut brancher et aider? Avec le tabou levé par les violences obstétricales, personne ne peut faire l'économie d'une remise en question de ces pratiques.

Le genre est aussi un élément à prendre en compte dans la qualité du soutien que les femmes qui accouchent peuvent attendre de leur partenaire et des soignant·es. Lors de l'accouchement, le deuxième parent n'a pas grand-chose à faire, il ou elle a juste à «être là», et ce n'est jamais évident. Notamment pour les hommes, soumis aux injonctions de la virilité occidentale et pour qui se contenter d'«être» sans «faire» est une compétence difficilement accessible. L'homme doit être fort et se positionner dans l'action pour être performant. Ces constructions stéréotypées contribuent à produire des personnes plus ou moins coupées de leurs émotions. Or pour accompagner l'autre, cette connexion est essentielle.

Au moment de la naissance, beaucoup de parents attendent que leur enfant soit une fille *ou bien* un garçon. Notre société se focalise sur l'observation du sexe anatomique pour assigner une identité de genre. Lorsque le sexe correspond aux normes de genre, tout va bien. Mais que faire lorsque genre et sexe ne se superposent pas, ou quand *«ce à quoi on s'attend»* n'est pas là? Cela arrive parfois lors de la naissance de bébés intersexes.

Les constructions culturelles autour du genre sont tellement puissantes au moment où l'enfant vient au monde que, le plus souvent, la question d'une discordance entre sexe et genre ne se pose même plus vraiment. Le genre du bébé semble être une évidence. Or ça ne l'est pas. ●

»

Propos recueillis par Marie Barbier

« C'EST UNE FILLE

« THE PINK PROJECT », EMILY AND HER PINK THINGS, NEW YORK, USA, 2005. © JEONGMEE YOON

TEXTE **Iris Deroeux**

Journaliste à Paris après avoir longuement crapahuté en Inde et aux États-Unis (comme correspondante pour *Mediapart*), Iris Deroeux anime le podcast «Les mots de la science» sur *The Conversation*. Elle préside l'association La Grenade.

Choix du prénom, achats des accessoires de puériculture, aménagement de la chambre du bébé… Bien avant sa naissance, le sexe de l'enfant fait l'objet de mille considérations. Rien de neuf: historiquement, le sujet a toujours été associé à des enjeux d'héritage. Mais à l'heure où les milieux académiques et militants tentent de déconstruire et dépasser le genre, la place immense qu'il occupe dans l'expérience parentale interroge.

« THE BLUE PROJECT », JAKE AND HIS BLUE THINGS, NEW YORK, USA, 2006. © JEONGMEE YOON

OU UN GARÇON ? »

Depuis une trentaine d'années, dans l'intimité de son cabinet de sage-femme parisien, Mina Nasser Zare orchestre et accompagne un moment devenu clé depuis l'avènement de l'échographie obstétricale dans les années 1980 : celui de la deuxième échographie, ce moment où le sexe de l'enfant devient visible à l'écran et peut donc être révélé aux parents. *« La découverte du sexe, c'est généralement l'euphorie,* raconte Mina. *On me pose bien plus de questions sur ce sujet-là que sur d'autres organes, à commencer par le cerveau de l'enfant. »* Cet examen complexe pour le personnel médical révèle aussi mille autres détails de la plus haute importance, comme, précisément, la structure du cerveau. *« D'un examen assez silencieux, il y a une trentaine d'années, c'est devenu une sorte de visite intra-utérine, permettant de personnifier l'enfant à naître, de concrétiser le projet, de préparer la naissance. Les patientes me disent que ça leur fait du bien de voir le bébé »,* explique Mina. Si la soignante observe de grands changements au fil des ans, de la présence des pères aux grossesses tardives, elle se dit interloquée par *« la place que prend le sexe de l'enfant. […] J'épaule parfois des mères en larmes parce que leurs familles attendent un garçon, des femmes angoissées parce qu'avoir une fille leur rappelle leur lien conflictuel avec leur propre mère. Je note d'ailleurs une légère tendance des futurs parents à ne pas vouloir connaître le sexe de l'enfant pour s'épargner ce genre de pression. »* Autre génération, même constat. Sage-femme depuis 2014, Marina Salomé, ouvertement féministe, se questionne sur ce *«besoin de savoir»* dès les premières semaines de grossesse, *«quand c'est irréaliste»*, mais aussi sur les pratiques de soignant·es qui peuvent renforcer les stéréotypes de genre. *«Lors du stage en échographie que comprend notre formation initiale, j'ai été étonnée d'entendre les professionnel·les y aller de leur commentaire sur "le futur footballeur" ou "la future danseuse" à la simple vision des mouvements du bébé. Notre parole ayant beaucoup de poids, on doit être capable de se défaire de ces habitudes»*, observe-t-elle. Le bébé n'est donc pas encore né que son identité –sexe biologique et genre– est déjà un enjeu majeur voire, disons-le simplement, une prise de tête. Est-ce qu'on n'en fait pas un peu trop? L'échographie, merveille de la modernité permettant de détecter les éventuelles anomalies, nous a-t-elle piégé·es? Ou est-ce la faute du marketing genré qui nous inonde depuis une bonne trentaine d'années?

SURABONDANCE DE LAYETTE POUR LES PETITES FILLES

Autrice de ces lignes, journaliste aguerrie aux questions de genre mais aussi militante pour une parentalité féministe, me croyant donc hermétique à la layette rose ou bleue, j'ai moi-même eu besoin de connaître le sexe des deux bébés que j'ai successivement portés. Ce «détail» me permettait de m'accrocher à quelque chose de concret dans cet océan de nouveauté, de responsabilité, de panique. Je suis bien dans la norme à en croire les travaux disponibles sur le sujet. 90% des parents *«veulent savoir»*, nous apprend une étude nationale entamée en 2011 afin de suivre un échantillon de 18300 familles ayant eu un enfant cette année-là[1]. Des sociologues ont adossé à cette étude une enquête[2], «Alors c'est quoi, une fille ou un garçon?», portant plus précisément sur le travail de préparation autour du genre pendant la grossesse.

Leurs entretiens avec une vingtaine de couples issus des classes moyennes supérieures, ayant *«tendance à manifester une position plutôt égalitaire dans l'éducation des filles et des garçons»*, nous éclairent sur les pratiques de ces futurs parents. Elles et ils parlent d'un puissant *«désir»* de savoir afin de *«se projeter»*. Sauf que, du choix du prénom aux vêtements en passant par la décoration de la chambre, ces pratiques contribuent à assigner l'enfant à naître à une catégorie sexuée et binaire. *«Cette assignation se concrétise par une multitude d'actions souvent insignifiantes en apparence, et conduit à des formes de socialisation différenciées entre les filles et les garçons après la naissance»*, lit-on. Les enquêtées témoignent notamment d'une surabondance de layette pour les petites filles à venir. Élise explique par exemple avoir reçu en cadeau *«17 robes en six mois, sans avoir exprimé de souhait particulier»*. Et ce processus, précise l'étude, rattrape très rapidement les parents ayant fait le choix d'attendre la naissance pour découvrir le sexe. On n'y échappe pas, en somme. Même quand on pense être entré·es dans une période plus propice à l'égalité et au dépassement du genre.

Pour mesurer la distance qui nous sépare encore de cette utopie, il est utile d'observer le phénomène des *gender reveal parties*, «fête de l'annonce du sexe du bébé». Il s'agit d'un événement prénatal au cours duquel les parents apprennent de manière festive le sexe biologique de leur enfant (grâce à l'intermédiaire de l'échographiste qui aura directement transmis l'information à l'organisateur); ou bien, le sachant déjà, le révèlent à leurs proches et sur les réseaux sociaux.

UN BUFFET «GENDER REVEAL» CHEZ FLUNCH

Ce phénomène, tout droit venu des États-Unis où il s'est largement popularisé ces dix dernières années, se développe doucement mais sûrement en France. Au rayon des célébrités y ayant succombé, vous trouverez ainsi le joueur de foot Antoine Griezmann. Une vidéo diffusée auprès de ses followers le montre tirant du pied droit dans une cible déclenchant l'ouverture d'un coffre et l'envolée de ballons bleus pour annoncer la naissance de son second enfant (un garçon).

1. Étude longitudinale française depuis l'enfance (Elfe), pilotée notamment par l'Institut national d'études démographiques (Ined).

2. Volet qualitatif de la recherche collective «Alors c'est quoi, une fille ou un garçon?»: Travail de préparation autour du genre pendant la grossesse, *Actes de la recherche en sciences sociales*, 2016.

La tendance n'a pas échappé aux enseignes françaises : Flunch Traiteur propose un buffet « gender reveal » dans lequel est compris un gâteau fourré de bonbons roses ou bleus. La gamme d'astuces servant à révéler le sexe étant large, l'usage d'un engin pyrotechnique censé produire une fumée colorée défraya la chronique en septembre dernier, en déclenchant un incendie qui détruisit 4 000 hectares de forêt en Californie.

PERFORMANCE ET PLACEMENT DE PRODUITS

Dans la foulée, Jenna Drenten, sociologue et professeure de marketing américaine, proposa une fine analyse de l'ampleur prise par les *gender reveal parties* pour le média *The Conversation*[3]. « *Ces fêtes sont révélatrices de l'injonction à faire de la grossesse une performance, en obéissant à des normes assez strictes* », raconte-t-elle depuis l'université Loyola de Chicago où je la contacte. « *Vous montrez ainsi que vous vous préparez bien à votre parentalité, que vous vous investissez beaucoup. Pour les célébrités, c'est au passage une manière simple de faire du placement de produits sur les réseaux sociaux.* » Et de rappeler la *gender reveal party* de l'actrice américaine Jessica Alba, annonçant à ses 18 millions d'abonnés Instagram le sexe de son troisième enfant en ouvrant une boîte flanquée du logo de sa propre marque de cosmétiques. Jenna Drenten replace ce phénomène au cœur de l'économie de l'attention, « *cette compétition pour le regard des autres exacerbée par les réseaux sociaux et intimement liée au fonctionnement du capitalisme. Pour susciter les likes, il faut éviter l'ennui à tout prix.* » Quitte à multiplier les mises en scène pendant (et après !) la grossesse, en saupoudrant le tout de rose ou de bleu pour que l'image soit lisible, simple, efficace.

Cette incitation à la performance peut se révéler « *épuisante* », le mot revient souvent au cours de mes entretiens. « *Un contrôle social très puissant s'est toujours exercé sur les femmes pendant leurs grossesses. Mais celles-ci étant plus rares, des normes nouvelles consistent à montrer fièrement ce moment, à être dans la performance joyeuse* », analyse l'historienne Emmanuelle Berthiaud, spécialiste de la naissance et de l'enfance, autrice de *Enceinte, une histoire de la grossesse entre art et société* (La Martinière, 2013) et *Le Rose et le Bleu : la fabrique du féminin et du masculin* (Belin, 2016). Elle revient sur le tournant très récent de l'échographie, atténuant la dimension mystérieuse et inquiétante de la grossesse. « *Cela s'est accompagné d'une individualisation de l'enfant à naître, on lui attribue une identité propre très tôt. Ne nous méprenons pas, le sexe de l'enfant a suscité l'intérêt prononcé des familles depuis l'Antiquité, puisqu'il est au cœur d'enjeux de filiation et d'héritage. Mais les bébés sont considérés comme une catégorie asexuée qu'on élève et qu'on habille de la même manière (en robe) jusqu'à leurs 3 ans, qu'ils soient filles ou garçons* », détaille-t-elle. Jusqu'au XVIIe siècle, on croyait même à une continuité entre les sexes féminins et masculins, le premier étant considéré comme le prolongement du second. Cela permettait de rendre compréhensible l'existence d'hermaphrodites au sexe mal défini. « *Lorsqu'on a mieux compris le fonctionnement des organes génitaux féminins, nous sommes entrés au XVIIIe siècle dans une phase de différenciation radicale des sexes, en y associant au passage et de manière rigide des genres et des sexualités.* » Ce sont ces associations qui commencent doucement et difficilement à être déconstruites. Preuve que l'histoire du genre fait des détours, des allers-retours, et n'est pas figée. Loin de là. ●

3. « Why gender reveals have spiraled out of control », 14 septembre 2020.

« UN CONTRÔLE SOCIAL TRÈS PUISSANT S'EST TOUJOURS EXERCÉ SUR LES FEMMES PENDANT LEURS GROSSESSES. »

Emmanuelle Berthiaud, historienne

NÉE SOUS X ET ADOPTÉE,

Chaque année, environ 600 enfants naissent «sous le secret» en France. C'est le cas de la réalisatrice Amandine Gay, enfant noire adoptée par des parents blancs. Elle porte sur l'adoption un regard critique, féministe et décolonial.

UNE IDENTITÉ REVENDIQUÉE

PHOTOGRAPHIE
Otto Zinsou

Militante afro-féministe, Amandine Gay, née en 1984, est la réalisatrice du documentaire *Ouvrir la voix* (2017) qui donne la parole à des femmes noires françaises. Son dernier film, *Une histoire à soi*, propose une réappropriation de la narration sur l'adoption internationale par les premier·ères concerné·es: les adopté·es.

Amandine Gay photographiée à Paris en décembre 2020.

«J'ai été abandonnée à la naissance, donc je sors définitivement de nulle part!» écrivez-vous en mars 2015 sur votre blog. Que voulez-vous dire?

Cette phrase, je l'ai écrite au moment de mon entrée dans l'espace public militant: c'était une façon de dire que, dès le départ, dans ma vie, il y a une inconnue fondamentale sur la question «d'où je viens?» et que, tout au long de mon parcours, cette question m'a accompagnée. Être né·e sous X, c'est très mystérieux mais cela donne une très grande liberté. C'est à la fois le vide et l'infini des possibles.

Vous êtes née le 16 octobre 1984 à l'hôpital Édouard-Herriot de Lyon de mère inconnue. Quel récit de votre naissance vous a-t-on transmis?

Tout l'enjeu, quand on est une personne adoptée, c'est qu'on ne dispose que de bribes de récits. Quand j'étais enfant, mes parents m'ont transmis les informations reçues des travailleuses sociales de la Cité de l'enfance à Lyon où j'avais été transférée après ma naissance: ma mère était marocaine, venue faire des études en France. Elle était tombée enceinte hors mariage et comptait retourner au Maroc, mais ne voulait pas retourner là-bas comme fille-mère.

À votre majorité, en 2002, vous entamez vos premières démarches d'ouverture de votre dossier d'enfant né·e sous X. Que découvrez-vous à ce moment-là?

Un mois après mes 18 ans, je suis allée à la Ddass (Direction départementale des affaires sanitaires et sociales, aujourd'hui ASE, Aide sociale à l'enfance) à Lyon pour consulter le dossier de ma naissance. Il y avait une lettre dictée par ma mère biologique à l'assistante sociale. Dans cette lettre, elle disait qu'elle était venue à Lyon pour faire une école d'esthétique et surtout qu'elle avait 27 ans au moment de l'accouchement. J'ai été très surprise d'apprendre qu'elle avait déjà cet âge-là quand elle m'a eue, car, comme beaucoup de personnes nées sous le secret, j'avais souscrit au cliché de la jeune-fille-tombée-enceinte-trop-tôt. Quelle déception! Je me suis alors dit qu'elle aurait pu me garder.

Si la naissance est une assignation, à quoi vous a-t-elle assigné?

Pour moi, la première assignation a été raciale, et elle s'est jouée à mon entrée à l'école et non à la naissance. Mes parents n'étaient pas dans des projections genrées. À la boulangerie, on me prenait pour un petit garçon parce que ma mère me coupait les cheveux très court. Tout cela n'était absolument pas problématique pour moi. Ce qui l'a été, c'est quand j'ai changé d'école à cinq ans et qu'un jour un enfant m'a dit: «Je ne te donne pas la main, tu es noire.»

Comment s'est construite votre identité de fille noire adoptée par des parents blancs?

Mes parents avaient conscience d'être blancs et il n'y avait aucune volonté de leur part d'effacer notre négritude à moi et mon grand frère, qui est aussi un enfant adopté. Ce qu'ils ne comprenaient pas, c'était le fonctionnement du racisme institutionnel. À l'école primaire, alors que j'étais bonne élève, quand ma maîtresse de CM1 a commencé à me punir de manière systématique, ils ont mis du temps à comprendre que ça relevait du racisme. La mobilisation des collectifs d'adopté·es depuis une vingtaine d'années a permis de faire évoluer la manière dont les candidat·es à l'adoption se préparent à comprendre les enjeux identitaires d'une adoption. Mais il y a encore du chemin à parcourir.

En 2016, à l'âge de 32 ans, vous avez demandé l'ouverture de votre dossier auprès du Conseil national d'accès aux origines personnelles (CNAOP). Comment cela s'est-il passé?

Trois ans après ma première demande officielle d'ouverture de mon dossier auprès du CNAOP, le Conseil m'a recontactée pour me dire qu'ils avaient peut-être retrouvé ma mère de naissance. Je n'ai pas pu entrer directement en contact avec elle, puisque le protocole établi par la loi de 2002 fait du CNAOP une instance médiatrice. Comme l'anonymat avait été garanti aux femmes ayant accouché sous le secret avant cette date, un compromis a été trouvé pour permettre aux adopté·es d'avoir accès à des informations sur leurs antécédents médicaux, par exemple, sans pour autant obtenir l'identité de leur mère ou de leurs parents de naissance. J'ai pu lui adresser des questions. À l'époque, je voulais faire une hystérectomie [ablation de l'utérus], mais l'opération m'était refusée pour cause d'absence d'antécédents médicaux, j'ai donc surtout axé mes questions sur le volet médical. J'ai aussi demandé au CNAOP de confirmer auprès de ma mère de naissance que le père était caribéen. Car, entre-temps, j'avais fait des tests ADN et j'avais trouvé que mon père biologique était très probablement originaire de Martinique.

Comment s'est organisée la médiation avec votre mère de naissance?

Ma mère de naissance a été très coopérante et a rappelé le CNAOP dès la réception de la première lettre de sollicitation. La médiatrice du CNAOP m'a confirmé qu'il y avait bien des antécédents de cancer de l'utérus et de fibromes utérins de son côté. J'ai aussi appris qu'elle était originaire de Ouarzazate, dans le sud du Maroc, aux portes du Sahara. Et j'ai découvert qu'elle vivait dans la région lyonnaise et qu'elle avait eu trois autres enfants. Pendant des années, j'avais grandi dans cette idée que ma mère de naissance était rentrée au Maroc, tout en ayant le fantasme que je vivais peut-être à proximité de potentiels frères et sœurs. C'était bien le cas! Parfois, enfant, j'aimais aussi m'imaginer que ma mère était une reine qui vivait dans un royaume au Maroc. Comme le dit mon amie psy, Sandrine Dekens, *«l'adoption est une usine à fantasmes»*.

La France est un des rares pays dans le monde à encadrer l'accouchement sous le secret. D'un point de vue féministe, cela peut être vu comme une protection pour les femmes en situation de vulnérabilité du fait de leur grossesse. En tant que militante afro-féministe, quel regard portez-vous sur ce droit?

Aujourd'hui, cette loi est obsolète: garantir l'anonymat alors qu'on peut faire des tests ADN, ça devient caduc. S'il n'y a plus que 600 naissances sous le secret chaque année en France contre 15000 à 20000 abandons annuels jusqu'au début du XXe siècle, c'est parce que la vie des femmes s'est améliorée: les allocations familiales existent depuis

Amandine Gay en randonnée avec ses parents, Marie-Claude et René.
© ARCHIVES PERSONNELLES

1932, la contraception et l'IVG sont légales. Donc, si on interroge cette spécificité française dans une perspective féministe, pour moi la question serait plutôt: comment lutter contre les causes profondes qui poussent encore des femmes à accoucher sous X? C'est le concept de la justice reproductive: on ne peut pas décorréler les séparations d'enfants, l'accès à l'IVG, le racisme, le sexisme et les inégalités de classe de tout ce qui a trait à la conception et à la reproduction. Ce ne sont pas n'importe quel·les enfants qui sont adopté·es: à l'international, ce sont les enfants des pays du Sud et des pays de l'Est qui sont déplacé·es vers les pays du Nord. Pour le dire autrement, ce sont les enfants des familles pauvres qui sont adopté·es dans des familles de classe moyenne ou bourgeoises. Donc on présente comme féministe une solution qui est avant tout utile pour des couples blancs de classe moyenne supérieure. Les arguments en faveur de l'accouchement sous le secret ont aussi des relents classistes. On reste dans une perspective infantilisante ou maternaliste: ces femmes sont forcément des victimes, comme si elles n'avaient aucune agentivité, aucun pouvoir de décision. Ma mère de naissance avait 27 ans et elle a fait un choix pour se donner, et me donner, les chances d'une vie meilleure. Il y a d'autres manières d'envisager les séparations. Aux Pays-Bas, par exemple, les pouvoirs publics ont proposé un allongement des temps de réflexion pour les mères adolescentes qui se séparent d'un enfant. Tout un système d'accompagnement a été mis en place pour leur permettre de continuer leurs études et de décider, une fois devenues adultes, quel type de relation elles souhaitent entretenir, ou non, avec leur enfant.

Comment pourrait-on réformer l'adoption telle qu'elle est pensée aujourd'hui?

Il est urgent de réformer non pas l'adoption mais notre vision occidentalo-centrée de la parentalité dans laquelle l'enfant est considéré comme la propriété des parents. Le besoin de rompre les liens avec la famille d'origine renvoie au mythe de la *tabula rasa*: cette idée qu'on ne viendrait de nulle part, de personne. J'aimerais qu'on arrive à sortir du modèle de la famille nucléaire biologique avec un papa et une maman pour promouvoir d'autres conceptions du lien parent-enfant. Dans la Caraïbe, au Brésil et dans certains pays d'Afrique, la conception de la famille ne se limite pas à la famille nucléaire, elle inclut la famille élargie. Il y a aussi les familles recomposées, les familles LGBT+ qui sont parfois des familles multiparentales. On devrait considérer la parentalité et le «faire famille» comme quelque chose de fluide, et les enfants, comme des individus pouvant circuler entre différentes familles, d'origine, d'adoption, recomposées, homoparentales, etc.

Votre film *Une histoire à soi* donne la parole à des personnes adoptées qui revendiquent une réappropriation de leur histoire. Comment cette réappropriation collective s'est-elle opérée?

La perspective sur l'adoption a changé quand les adopté·es ont commencé à prendre la parole, il y a environ une trentaine d'années. On n'avait jamais politisé ce phénomène et on était dans une conception morale de l'adoption considérée comme une bonne action, un acte humanitaire, un acte d'amour, etc. Il y a aussi un enjeu de masse critique dans la réappropriation collective du récit de l'adoption par les adopté·es. L'adoption internationale a explosé entre les années 1970 et 2000: cette génération d'adopté·es est aujourd'hui âgée de 20 à 40 ans. Quand les adopté·es se sont organisé·es en associations, un nouveau discours a émergé, convoquant d'autres enjeux inhérents à l'adoption: les rapports de classe, les inégalités géopolitiques, le racisme, etc.

Vous évoquez régulièrement vos problèmes de santé sur les réseaux sociaux, notamment les fibromes dont vous avez souffert et l'hystérectomie que vous avez subie en juin dernier. Pouvez-vous raconter ce combat?

« À une autre époque, et si elle avait été d'une autre origine, ma mère de naissance aurait peut-être eu la possibilité d'avorter et je ne serais pas née. C'est le fait de naître ou de ne pas naître qui est éminemment politique. »

En 2015 et 2016, alors que je vivais à Montréal, j'ai commencé à avoir des problèmes de règles hémorragiques, à souffrir d'anémie, avec des moments de grande fatigue. Je souffrais aussi de douleurs très périphériques : des problèmes de vessie, de digestion, etc. Mon médecin ne trouvait pas d'où ça pouvait venir. J'ai découvert complètement par hasard de quoi il s'agissait en allant au lancement de l'association d'une amie : Vivre sans fibrome. Je suis retournée voir mon médecin pour lui dire que je pensais avoir des fibromes. On a commencé à les chercher et on les a trouvés ! J'avais en fait un utérus myomateux, c'est-à-dire rempli de fibromes. Je me suis renseignée sur la meilleure façon de me soigner et, pour moi, c'était de faire une hystérectomie puisque je ne souhaite pas être enceinte. Mais j'ai découvert que réclamer une hystérectomie quand on a moins de 35 ans, cela reste très mal perçu. *« Et si vous changez d'avis ? »* me répondaient invariablement tous les médecins à qui je m'adressais.

En quoi cette histoire vous a-t-elle ramenée à votre propre naissance ?

Si la loi relative à l'accès aux origines n'avait pas changé en 2002, je n'aurais pas pu avoir mon hystérectomie : mon chirurgien acceptait de faire l'opération seulement s'il y avait des antécédents de cancers de l'utérus dans ma famille. Il est très clair que le sexisme médical, la naissance sous X et les institutions jouent un rôle sur notre santé en tant qu'individus dotés d'un utérus. Il y a autre chose d'intéressant à observer : ce paradoxe qui consiste, dans notre société patriarcale, à victimiser les personnes qui se séparent de leur enfant et à stigmatiser, dans le même temps, celles qui ne veulent pas avoir d'enfants.

En quoi peut-on dire, selon vous, que la naissance est politique ?

La naissance est politique car les conditions de naissance ou de non-naissance le sont ! À une autre époque, et si elle avait été d'une autre origine, ma mère de naissance aurait peut-être eu la possibilité d'avorter et je ne serais pas née. C'est le fait de naître ou de ne pas naître qui est éminemment politique. Je trouve par ailleurs que le non-désir d'enfants pour les personnes dotées d'un utérus est encore mal accepté. Dans mon parcours d'hystérectomie, en cherchant des informations sur le postopératoire, je suis tombée sur plein de conseils psychologisants du genre : *« Après une hystérectomie, beaucoup de femmes ne se sentent plus femmes. »* Il y a un vrai travail à faire pour déconstruire l'essentialisation autour de l'utérus – une essentialisation qui n'est pas aidée par un certain féminisme qui survalorise les règles comme attribut féminin. Moi, depuis que j'ai été opérée, je n'ai plus mal au ventre et je ne passe plus ma vie à aller pisser ! Je ne me suis jamais sentie aussi légère ! ●

Entretien réalisé le 22 juillet 2020 par Lucie Geffroy

ON NE NAÎT PAS FEMME,
ON LE DEVIENT
SIMONE DE BEAUVOIR

TEXTE **Manon Garcia**

Normalienne, agrégée et docteure en philosophie, Manon Garcia est l'autrice de *On ne naît pas soumise, on le devient* (Flammarion). Elle enseigne à l'université de Chicago.

ILLUSTRATION **Adrien Zammit**

En écrivant *« On ne naît pas femme : on le devient »*, Simone de Beauvoir dit à la fois l'oppression sociale des femmes et la possibilité d'une émancipation féminine qui passe par la liberté individuelle.

« *On ne naît pas femme : on le devient* », la phrase est connue, tellement connue qu'elle est devenue une sorte de résumé du *Deuxième Sexe*, de la pensée de Simone de Beauvoir, voire du féminisme en général. Elle a aussi été, depuis, dupliquée à l'infini dans des titres d'ouvrage ; on ne naît pas non plus chômeur·euse, gros·se, mère ou père, Noir·e, ni même bon·ne décideur·euse ou bon·ne négociateur·trice. Pourtant, la signification et la portée de cette phrase sont bien moins évidentes qu'elles n'en ont l'air, et son interprétation donne même lieu à des disputes suffisamment importantes parmi les spécialistes de Beauvoir pour avoir fait l'objet d'un livre[1].

La première interprétation, la plus communément admise, consiste à voir dans cette phrase la naissance de la distinction entre sexe et genre et donc de l'idée que le genre est une construction sociale. Cette thèse contient plusieurs éléments : on ne naît pas femme alors qu'on naît femelle, parce que le terme de « femme » renvoie à une réalité qui est sociale et non biologique. Être de *sexe* féminin est différent d'appartenir au *genre* féminin. Cela signifie, par conséquent, que la société est traversée par un ensemble de normes qui définissent et régissent ce que sont les femmes et les hommes et que les personnes sont évaluées à l'aune de leur conformité à ces normes. Mais cela signifie aussi que les personnes sont transformées en femmes (et donc probablement en hommes aussi) entre leur naissance et le moment où la société les reconnaît comme telles. Une des grandes forces du *Deuxième Sexe*, en effet, est de détailler au cours de plusieurs centaines de pages la « formation » des femmes et de montrer comment toute une série de conduites parentales, familiales, sociales, travaillent à différencier les garçons des filles dès la naissance (on sait depuis que le processus commence même *in utero*), en incitant les garçons à l'indépendance et à la liberté, et les filles à la passivité, à la douceur et à la

1. Bonnie Mann et Martina Ferrari, *On ne naît pas femme : on le devient. The Life of a Sentence*, Oxford University Press, 2017.

2. Judith Butler, « Sex and Gender in Simone de Beauvoir's *Second Sex* », *Yale French Studies*, vol. 72, 1986.

soumission. Si cette idée semble aller de soi aujourd'hui, Beauvoir est la première à mettre en évidence la façon dont l'éducation des enfants, leurs jeux, les réactions des adultes sont genrées et à souligner l'influence de cette éducation genrée sur les comportements, mais aussi sur les désirs des enfants des deux sexes. En outre, Beauvoir décrit avec précision la puberté comme le moment où la jeune fille *devient femme* parce que les remarques sexualisantes faites par son entourage ou par des inconnus sur son corps la forcent à se comprendre comme un objet du désir des hommes. On ne devient femme que lorsque l'on comprend que notre corps n'est pas d'abord un corps vécu par nous et pour nous, mais un corps vu et désiré par d'autres. Beauvoir démontre donc qu'« être femme » est une réalité sociale et, par conséquent, réfute le déterminisme biologique, soit l'idée qu'hommes et femmes seraient inévitablement ce qu'ils sont en raison de leurs attributs biologiques. Il ne fait aucun doute que c'est là une des significations de la phrase.

LE REJET DE L'HYPOTHÈSE DU DÉTERMINISME BIOLOGIQUE

Les interprétations divergent, en revanche, sur deux questions: Beauvoir pense-t-elle que la différence des sexes est uniquement une construction sociale? Et est-ce que dire qu'on devient femme signifie seulement qu'on est faite femme par la société? Le premier débat provient de la lecture que propose la philosophe américaine Judith Butler de la phrase de Beauvoir. Butler, dont le travail a donné naissance aux *gender studies*, a vu en Beauvoir, et en cette phrase en particulier, la reconnaissance du caractère construit du genre et du lien arbitraire qu'établit la société entre sexe et genre[2]. Selon Butler, en effet, on devient femme au sens où la société impose sur nous le genre - entendu comme l'institution qui établit l'existence de deux grandes catégories hiérarchisées et organise le monde en fonction d'elles -, et le genre féminin n'a rien à voir avec nos attributs biologiques. Le genre n'a rien à voir avec le sexe, et c'est un effet du pouvoir que de nous faire croire le contraire. C'est là, sans doute, que Butler extrapole la position de Beauvoir. Certes, Beauvoir et Butler partagent le rejet de l'hypothèse du déterminisme biologique. Mais elle n'affirme pas pour autant qu'il y aurait une déconnexion totale entre le biologique - qu'il sera convenu, à partir des années 1970, d'appeler le sexe - et le social - ce que l'on appellera le genre. Selon Beauvoir, il y a une binarité biologique - il y a des mâles et des femelles dans l'espèce humaine, qui présentent généralement des différences claires - et ces différences biologiques entre mâles et femelles ont un impact sur la différence femme/homme. Ce qui est absolument social, en revanche, c'est la *valeur* qui est accordée à ces données biologiques: Beauvoir appelle à comprendre que le sens et l'importance qui sont accordés à ces données biologiques varient au cours du temps et des sociétés, et ne sont donc pas inévitables.

Dire que l'on devient femme n'est pas simplement dire que l'on est faite femme par la société.

Cette distinction peut paraître minime mais elle a des implications très importantes: elle signifie notamment que pour Beauvoir, à l'inverse de Butler, on ne peut pas décider d'échapper complètement à la féminité, on ne peut pas refuser de devenir femme, même si on ne l'était pas à la naissance. Aux yeux de Beauvoir, croire que l'on peut échapper à son genre, le subvertir absolument comme y invite Butler, relève de la mauvaise foi. Être une femme nous place dans une certaine situation, nous ouvre un certain destin, et il est impossible de totalement y échapper: c'est toujours par rapport à ce destin, à ces normes sociales que nous nous situerons et que nous pourrons notamment décider de nous opposer.

UN MONDE OÙ ON EXERCE OU NON SA LIBERTÉ

C'est là le sens du second débat sur cette phrase: pour nombre de beauvoirien·nes, dont je suis, c'est une erreur que d'interpréter uniquement cette phrase au niveau social. C'est précisément parce qu'on ne *naît* pas femme, mais qu'on le *devient*, que l'on peut s'approprier ce que c'est que d'être une femme et se frayer un chemin libre contre le destin féminin tracé par la société. Beauvoir, avant d'être une théoricienne de la société, est une philosophe existentialiste. L'existentialisme repose sur la thèse que « l'existence précède l'essence », c'est-à-dire que ce que l'on est, en tant qu'être humain, dépend de l'existence que l'on mène. Et cela s'explique par le fait que ce qui caractérise l'être humain est sa liberté: nous sommes les seuls êtres qui ont la possibilité de définir ce qu'ils sont par les choix, les projets et les actions qui sont les leurs. Or cette liberté a la particularité que ce n'est pas quelque chose que l'on a mais quelque chose que l'on exerce, c'est une activité sans cesse renouvelée. Contrairement à ce que l'on peut avoir comme idées reçues sur les influences de Beauvoir, elle ne tient pas cette idée de Sartre, mais de philosophes français de la fin du XIXe siècle, que l'on ne lit plus beaucoup aujourd'hui, et notamment d'Alfred Fouillée, selon qui « *L'homme ne naît pas libre, il le devient*[3] ». L'analogie entre cette phrase et celle de Beauvoir est un indice très clair que, pour elle, dire que l'on devient femme n'est pas simplement dire que l'on est faite femme par la société. Au contraire, devenir femme, c'est exister dans un monde aux significations déjà établies, mais sur lesquelles on exerce ou non sa liberté. Mademoiselle de Beauvoir elle-même, comme ses carnets de jeunesse le montrent autant que ses *Mémoires,* est devenue Beauvoir en exerçant sa liberté dans le monde, en se frayant un chemin contre le destin que la société promet aux femmes, et en devenant ainsi une *certaine* femme.

En quelque sorte, et c'est là la puissance immense de cette phrase, en écrivant *« On ne naît pas femme: on le devient »,* Beauvoir dit ainsi à la fois l'oppression sociale des femmes, la façon dont elles sont façonnées à être *« ce produit intermédiaire entre le mâle et le castrat qu'on qualifie de féminin*[4] *»,* comme l'indique la phrase qui suit la célèbre formule, et la possibilité d'une émancipation féminine qui passe en partie par la liberté individuelle. C'est précisément parce que la féminité peut être historicisée, qu'elle n'est pas biologiquement déterminée, qu'elle est vécue par des êtres humains libres, qu'elle peut être transformée pour n'être plus une oppression. ●

3. Lire à ce sujet Kate Kirkpatrick, *Devenir Beauvoir: La force de la volonté*, Flammarion, 2020.

4. Simone de Beauvoir, *Le Deuxième Sexe*, tome II, (première édition Gallimard, 1949), Folio 1986.

JESSYCA
VANESA
LAURA
HERMA
MARLÈNE
OLIVIA
MAÏA
HILLARY
ANNE-LAURE
LORENA
ANAÏS
SOUTIEN À NOS ADELPHES
TRANS WOMEN ARE WOMEN
SEXWORK is WORK
ACAB

NOUS NAISSONS DE PARTOUT

À mesure qu'elle est perçue comme une femme aux yeux de tous, Adèle occupe le moins de place possible, se fait petite, se réduit. Mais son cœur brûle, et tout en elle n'aspire qu'à s'étendre. C'est ce désir d'expansion qu'elle livre à travers le récit de sa transition de genre, expérience aussi tragique que joyeuse.

TEXTE **Adèle Orain**

Adèle Orain est une femme trans qui vit à Paris. Autrice et directrice artistique, elle milite dans différents collectifs queer et féministes.

ILLUSTRATIONS **Maya Mihindou**

I. Je suis née le 17 août 2017 éblouie par la lumière franche et bleue d'une recherche sur le transsexualisme, dans une petite fenêtre Internet encombrée de larges silhouettes. Je les ai vues sortir de l'écran. Tapies dans l'obscurité, ces femmes-là m'ont portée entre leurs mains épaisses. J'ai passé mes premières nuits enlacée par leurs larges épaules et bercée de leurs voix trop graves.

J'ai parcouru les catégories porno, au rayon *Shemale*[1], pour chercher le visage d'une femme qui pourrait me ressembler. J'ai découvert mon corps entre les lignes des romans érotiques et des articles de psychanalystes libidineux. Parmi les fétiches étalés aux yeux des *chasers*[2], entre nos corps disséqués dans des guides pour baiser *safe*[3], dans la pénombre du site Web d'un club libertin.

Petite, j'aurais voulu courir dans la forêt pour embrasser sur la joue l'ombre de leur barbe recouverte de fond de teint. Je me serais cachée sous leurs jupes trop courtes et entre les mailles de leurs bas résille. À l'orée du bois de Boulogne, une de ces femmes est tombée. Vanesa Campos est morte le 17 août 2017 sur la route du Pré Catelan. Elle a été tuée d'une balle dans la poitrine.

Quelques jours plus tard, j'ai écrit un mail à une association de personnes trans. Je voulais rencontrer quelqu'un comme moi. On m'a mise en contact avec Laura. C'est la première femme trans à qui j'ai parlé. Le premier visage dans lequel je me suis reconnue. Sur mon carnet, j'avais noté, fébrile, une dizaine de questions : *« Est-ce qu'on doit le vouloir ou est-ce qu'on doit le mériter ? Pendant deux mois, j'ai bloqué sur le fait que j'étais "bien assez" pour ne pas avoir à le faire. Mais je veux le faire. »*

Laura était si belle. Elle était drôle et puissante. Une question après l'autre, elle m'a rassurée. Apprendre à se méfier des médecins et de la famille, des prisons et des amoureu*[4], des propriétaires et des banquiers, de la police et de mes ami* d'enfance. Elle m'a dit comment faire. Les mots pour me dire. Où trouver les hormones. Chez qui chercher de l'aide. Je suis sortie soulagée.

Durant deux ans, on s'est croisées ici ou là. Je l'ai surtout suivie en ligne. Je l'ai vue poster des messages politiques et des demandes pour qu'on lui vienne en aide, qu'on l'aide à faire le ménage ou du tri dans ses papiers. Puis les messages parlaient d'internement et d'hospitalisation. La nuit, elle disait qu'elle était ivre et qu'elle allait mal. Enfin, comme tant d'autres que je ne sais ni vivantes ni mortes, elle a fermé ses comptes sur les réseaux.

Au printemps 2020, j'ai appris la mort de Laura. J'ai mis du temps à comprendre que c'était elle. On ne donne nulle part nos noms de famille. J'ai reconnu son visage dans une story Instagram. J'ai appris sa mort avec celle de son amie Mathilde. Deux filles trans dans leur vingtaine. Deux suicides. Un mois après l'autre.

Nous étions une foule clairsemée de femmes trans et de quelques militant* queer à marcher de Stalingrad à Ménilmontant pour leur rendre hommage. Une voix étranglée dans un mégaphone, des larmes, une lettre de mère, *Tout le monde déteste la police* chanté en chœur. Nous savions que les suicides n'existaient pas, seulement les meurtres. Laura Mandrée a été tuée par la cruauté de vivre comme une femme trans, ici à Paris.

J'ai annoncé sa mort à ma mère, qui connaissait la sienne d'un groupe de parole de parents de personnes trans. Avec beaucoup de tendresse, nous nous sommes rassurées toutes les deux en prétendant que Laura était morte pour autre chose que d'être trans.

On ne nous compte pas parmi les féminicides. Nos prénoms s'oublient. Ou se collent pour quelque temps sur les murs. On a pu voir à l'été 2020 celui de Laura, cette Laura Mandrée-là, sous la statue de la République avec celui de son amie Mathilde.

Toutes les deux ont rejoint une liste hasardeuse, incomplète, d'une dizaine de femmes souvent putes, parfois migrantes, toutes trans qui sont mortes depuis 2017 : Vanesa, Jessyca, Herma, Olivia, Marlène, Maïa, Lorena, Alaïs, Hillary, Anne-Laure, Mathilde, Laura et Doona.

Regarde-les. Regarde-nous. Nos prénoms griffonnés sur des pancartes de fortune. Je fais quoi de cette douleur ?

1. Terme utilisé par la pornographie hétéro pour désigner les femmes trans, ou les personnes dont le corps ne correspond pas aux normes d'un corps masculin. Typiquement : une femme avec un pénis.

2. Une personne qui cherche à avoir des relations avec des personnes trans uniquement par fétiche sexuel.

3. Terme utilisé en particulier par la communauté queer pour désigner un ensemble de pratiques qui visent à réduire les risques en matière de santé sexuelle, mais aussi de violences psychologiques et physiques.

4. [Note de la correction] L'autrice emploie parfois des astérisques, plutôt que des points médians, pour supprimer toute mention de genre.

ON NE NOUS
COMPTE PAS PARMI
LES FÉMINICIDES.
NOS PRÉNOMS
S'OUBLIENT.
OU SE COLLENT
POUR QUELQUE
TEMPS SUR
LES MURS.

II.

J'apprends à imiter la posture des femmes dans le métro. À scruter mon portable, mes pieds ou le plan de la ligne. Au printemps 2019, je ne lève plus les yeux dans la rame. J'ai perdu le privilège de croiser les regards. Je parle moins, je parle moins fort. Je contrôle mes gestes pour les réduire au minimum. L'expérience de ma naissance dans un genre féminin est celle d'une réduction. Si je veux être perçue comme une femme : je dois occuper le moins de place possible.

Je vois les pantalons troués des mecs dans la rame. Des jeans sales qui traînent sur leurs chaussures. Leurs doigts, filet de crasse sous les ongles, qui raclent le fond de leurs poches pour y trouver leurs clés. Le tissu usé par le métal. Je sais qu'ils tiennent leur bite de l'autre main depuis l'autre poche. Un mec porte sa bite, ça ne se sait pas, mais c'est vrai. Un pénis, en semi-érection, tient dans une main au travers du tissu.

Je raconte cette histoire à tous mes premiers rencards, convaincue que ma lucidité sur le corps des hommes cisgenres[5] me permettra de mieux m'en dissocier. Ça te fait rire. *« Est-ce que ça les excite ? »* Difficile de répondre, le frottement du jean les excite, oui, ça marche comme un clit, hein, mais le fait de la tenir – oui, OK – sans doute que ça joue.

Pourtant, les premières nuits chez toi, je cache mes mains d'homme entre mes cuisses et je replie mes pieds. Je suis énorme dans ta minuscule chambre. Mes cuisses s'étalent sur ton fauteuil, mes doigts passent sur mon visage pour inspecter mes poils depuis longtemps atomisés. Je reviens sans cesse à mon reflet dans ton miroir. Je cherche discrètement à couvrir mes tempes ; l'implantation de mes cheveux trahit un taux élevé de testostérone.

Je me glisse dans ton lit sans rien oser. En attendant ton geste. On s'embrasse, tu bondis. Tu franchis une à une les frontières que j'avais dessinées sur mon corps pour protéger toutes mains, toutes bouches.

Je te persuade plus tard de t'asseoir dans le fond du carré de la rame – et non à l'extrémité comme le font les femmes – pour reposer ta tête sur mon épaule. Ce soir-là, j'ai boutonné ma veste et enfoncé ma casquette pour te tenir dans mes bras. Je suis redevenue un garçon pour que nous puissions être un couple hétérosexuel. Nous retrouvons une dizaine de minutes la liberté de nous aimer dans l'espace. Dans ta famille et dans la mienne, je ne ressens aucune honte à te tenir la main, à t'embrasser – tous ces gestes qui t'ont été interdits des années durant.

Il y a quelques années, contre l'avis des médecins et de notre famille, toi comme moi avons décidé de nos corps et de nos genres. Sans aucune cérémonie, nous avons choisi d'autres pronoms et d'autres prénoms. Si je nais Raphaël à l'état civil, je m'appelle Ellie ou Adèle. Si tu nais Louise, tu es Lou ou Léo. Chacun* trois prénoms – féminin, épicène, masculin – pour être perçu* tantôt comme des hommes, tantôt comme des femmes.

Depuis, on nous genre au hasard des contextes. De nos proches, certain* savent, d'autres non. Les « monsieur » et « madame » jonglent autour de nous. C'est parfois épuisant. On se retrouve fatigué*. Nos corps déformés par leurs assignations sauvages à un genre.

On reprend forme dans la pénombre de ma chambre. Ma main s'allonge sur ton côté, saisit une de nos prothèses et te prend avec attention. J'entrave tes mouvements. Tu résistes. Je suis un rythme écrit à deux, selon nos respirations. On ferme les yeux. Nos lèvres immobiles s'embrassent. On bouge à peine.

À chaque injection hormonale, mon corps s'agrandit. Ma poitrine grossit et mes seins s'arrondissent. Ma peau s'adoucit et mon visage s'éclaire. La quantité extraordinaire d'œstrogènes que je m'injecte bouleverse ton cycle hormonal. L'expérience d'une transition de genre est celle d'une expansion.

Ivres, on marche toute la nuit. On emprunte les avenues désertes de Chaillot. Ton *binder*[6] compresse ton dos et fait monter l'alcool encore plus vite. On marche pour perdre la graisse accumulée pendant la journée. Tu résistes à chaque gramme de plus par un effort en plus. Le gras féminise ton visage et tu n'en veux pas. Il y a l'orangé des lampadaires qui illumine le bois de Boulogne

5. Cisgenre : dont l'identité de genre est en concordance avec le sexe assigné à la naissance.

6. Un haut-de-corps qui compresse la poitrine et donne l'apparence d'un torse plat.

et toi qui chantes quelque chose. Parfois, on marche sans rien se dire, on se fait la tête sans rien se dire. Souvent, nous sommes comme deux enfants : on court, on joue et on s'embrasse protégé* par les ombres.

Pourtant, quand Nana, une femme trans de 25 ans, a été tabassée puis jetée du haut d'un pont à Bordeaux, nous prenons peur. Nous achetons deux bagues gravées d'un œil ouvert pour nous protéger contre le mauvais sort.

Un soir, nos yeux sont recouverts de foulards. Ces bâillons sont la seule manière dont je peux me faire toucher. On fait l'amour à l'aveugle. Nos muqueuses sont faites de tissu, de peau ou de silicone, indifféremment. Nos deux corps se gonflent et grandissent dans ta chambre. On s'étreint au point de s'écraser.

Nous avons grandi dans la même violence. Dans les confidences, dès les premiers jours d'une relation, des agressions et des traumatismes. J'ai rêvé de tes viols, des miens et de ceux des autres, encore et encore. J'y ai pensé en marchant, j'y ai pensé en écrivant, j'y ai pensé quand nous faisions l'amour. Ce dos qui cogne le mur, cette tête renversée, cette amie qui s'inquiète… j'ai mélangé les histoires, j'ai oublié les noms. Mes souvenirs sont ceux de toutes les femmes.

Alors nous inventons un amour d'abris de fortune. À Paris, à Marseille, à Genève ou en Bretagne, tu as cette capacité merveilleuse à faire naître d'un rien un chez-nous. Une cabane avec des draps comme plafond où une lumière douce orangée traverse les rideaux. Nos corps se dissimulent dans les plis d'une couette immense. On s'étreint tout le temps. Ta voix chuchote des histoires. On s'imagine dans le Bois. On rigole des grimaces de l'autre. On ne sait jamais l'heure qu'il est, on dort sans retenue. Tu me dis que mes pieds remuent quand on fait l'amour. Je n'avais jamais fait attention. J'immobilise ma bouche et tu remues sous mes lèvres. Et moi je pédale sous la couette.

On sort parfois de notre chambre. Un dimanche, nous restons avec ta famille. Je passe pour femme et ils ne savent pas que je suis trans. Les mots, ceux de ton père, de ton frère, je les entends déformés par un écho lointain. Je prétexte une indigestion. Je n'arrive plus à suivre les histoires et je mélange les noms. Je me suis réduite au point de disparaître. J'ai cessé de parler : ma voix trop grave trahirait qui je suis. Mes mains ne bougent plus. Je m'allonge sur ton lit. Ta voix bourdonne autour de moi. Quelques semaines plus tôt, tu me racontais une fête de famille. La tienne toute réunie et joyeuse. Les tables remplies dans une belle maison. On célébrait un jeune couple de six mois. On se réjouissait de connaître sa petite amie. On lui posait plein de questions. Ton père et tes oncles traversaient la salle pour la rencontrer. Ils voulaient tout savoir, de ses études, de sa famille et de leur première rencontre. Ils la trouvaient belle. Ils imaginaient pour eux un foyer. Ils portaient dans leurs yeux un désir de bonheur si sincère et si tendre. Tu voyais bien qu'ils l'aimaient. Ils voulaient tous l'aimer pour les voir heureux. Tu les voulais pour nous ces regards. Je t'en voulais de rêvasser à ça, ton père ne me disait même pas bonjour.

Alors, sans cesse, nous revenons aux trois-quatre espaces qui nous sont réservés dans la ville. On traîne toute la nuit à boire et à séduire. Ici, nous sommes vu*. Les copaines traversent le bar pour nous enlacer. On nous demande des nouvelles, on nous pose des questions, on plaisante et on danse. La nuit venue, tu t'en veux d'être resté* trop tard et tu prends peur d'arriver en retard au travail. Tu t'endors enfin, ton ventre chaud épouse le rond de mon dos.

À CHAQUE INJECTION HORMONALE, MON CORPS S'AGRANDIT. MA POITRINE GROSSIT ET MES SEINS S'ARRONDISSENT. MA PEAU S'ADOUCIT ET MON VISAGE S'ÉCLAIRE.

III. À l'automne 2020, c'est la sixième séance que m'impose ce psychiatre. Le suivi psychiatrique est obligatoire pour avoir accès aux chirurgies de réassignation sexuelle en France. Sans signature, pas d'opération. Chaque fois, je pense que c'est la dernière, chaque fois, il me donne un nouveau rendez-vous ; au point d'avoir retardé la date de mon opération.

Il est en retard. Le psychiatre ne s'excuse pas. En silence, pendant cinq minutes, il relit ses notes. Vient :

– Comment allez-vous ?

Ma première réponse doit coller au script : tant pis pour la mort de Laura, quelques mois plus tôt, je vais très bien. Je suis heureuse, l'opération approche. Je surjoue. Toutes ces années de souffrances terribles résolues par la main magique d'un grand chirurgien. C'est une forme de seconde naissance en quelque sorte. Toute ma famille sera avec moi.

– Est-ce que vous vous êtes déjà fait interner ?

Celle-ci, je ne m'y attendais pas. C'est aussi fin qu'un flic qui met la main sur son arme. Il aurait pu aussi bien dire « Je peux vous faire interner ». Je réponds : non. Je parle encore de ma famille. De mon travail, de mes patrons, de mes médecins, de mes ami*, du juge qui recevra bientôt ma demande de changement d'état civil. Je m'accroche aux prises que j'ai façonnées ces dernières années. Je dessine pour lui une existence normative avec laquelle il pourrait *empatir.*

– Et la famille, ça va ?

J'ai envie de rire. Il ose tout, décidément, sans le moindre souci d'une méthodologie. Il n'a pas tort. Dans son petit cabinet, il est immense. Tout-puissant. Comme moi je le suis maintenant en le décrivant ici. Alors, j'ai envie de vous parler de ses sandales et de ses ongles sales, du menu Frichti qui traîne près d'une statue orientaliste, de la chicha

au-dessus de son placard, de sa sonnerie de portable bruyante et de ses tarifs exorbitants.

– Quelle est votre relation avec votre pénis ?

Pour la sixième fois, la question se pose. Il veut savoir. Je réponds. Je dis : pénis, érection, clitoris, vulve et sein. Je raconte comment nous faisions l'amour. J'éclaire nos corps d'une lumière franche et bleue. J'enlève les foulards de nos yeux. Je dis : gode, *packer*[7] et *strap-on*[8]. Je parle de tristesse. Je décris le dégoût pour mon corps.

Je l'imagine dans notre cabane, à prendre des notes. Je le vois déformer notre couette de sa carrure. Je rejoue la scène qu'il attend. Le personnage quitte le lit brusquement pour aller pleurer. Ou pour aller vomir.

– Merci. J'ai tout ce qu'il me faut. Je vous laisse partir. Je préfère que ce soit un autre psychiatre qui signe votre attestation. Ce n'est pas pour me défausser… Je trouve ça mieux ainsi.

Ça bat fort dans mes oreilles. J'aimerais, avec toi, revenir brûler son cabinet, couler de la glu dans sa serrure et crever ses pneus. Je voudrais crier partout, tout le temps.

Je pense à ce mot qu'il a employé pendant cette séance. Irréversibilité. Comme tant d'autres, il pense en ces termes. Un avant et un après. Une transition. De vieilles photos pour comparer. À la manière du juge qui autorise la modification de mon acte de naissance, ils aiment à voir le spectacle d'un « changement de sexe ». Alors, il nous faut cacher nos passés, ne plus jamais prononcer nos anciens prénoms et ne rien dire de nos passages. Ils veulent une rupture nette entre les deux genres, une déchirure dans nos vies. Un deuil pour une naissance. Non. Je ne veux pas mourir pour naître, moi. ●

7. Prothèse qui prend la forme d'un pénis et de testicules.

8. Ceinture qui permet d'attacher un gode à son bassin.

POURQUOI LUTTEZ-VOUS ?

À Paris, le 13 octobre 2018, *die-in* devant la Sofect (Société française d'étude et de prise en charge de la transidentité) lors de la 22e marche ExisTransInter.

© MARIE MAGNIN

« L'INTER-SEXUATION EST UNE VARIATION DU VIVANT. »

Depuis 2016, le collectif Intersexes et Allié.e.s* - OII France milite pour une meilleure représentation des personnes intersexes et pour la fin de protocoles médicaux qui jalonnent leur vie.

Les chiffres varient selon les études, mais on estime communément à 1,7 % la proportion des naissances de personnes intersexes[1], c'est-à-dire nées avec des caractères sexuels ou reproductifs ne correspondant pas aux définitions sociales et médicales caractéristiques du « féminin » et du « masculin » et avec des variations pouvant être chromosomiques, anatomiques, gonadiques ou hormonales. Ces variations naturelles n'ont pas d'incidence sur leur santé. Pourtant, l'immense majorité des intersexes subissent des protocoles médicaux lourds et non vitaux (traitement hormonal, gonadectomie[2]) qui ont pour but de confirmer un genre qu'on leur assigne à la naissance, un genre qui peut ne pas correspondre à celui auquel se serait identifiée la personne si elle avait pu le choisir. Selon un document du Commissaire aux droits de l'homme du Conseil de l'Europe[3], on estime que l'erreur d'assignation de sexe varie entre 8,5 et 40 % ; ces enfants finissent par rejeter le sexe qui leur a été assigné à la naissance. Depuis 2016, le collectif Intersexes et Allié.e.s - OII France, la seule association en France créée par des personnes intersexes, lutte pour une meilleure visibilité des vécus intersexes et apporte un soutien aux concerné·es. Gabrielle (dont le prénom a été changé à sa demande), membre de ce collectif, a accepté de nous expliquer pourquoi ils, elles, iels luttent.

** Nous respectons ici la graphie du nom du collectif, qui diffère de notre charte d'écriture inclusive. Nous employons le point médian (et non le point classique), et nous avons fait le choix de n'en utiliser qu'un seul par mot.*

Pourquoi avoir constitué le collectif Intersexes et Allié.e.s - OII France ?

Le mouvement intersexe est relativement récent dans le monde des luttes sociales. Notre collectif, d'une vingtaine de membres actif·ves, s'attèle à accueillir les personnes concernées et leur entourage à travers des ateliers, des groupes de parole, des permanences, etc. Nous menons également un travail de sensibilisation au travers de campagnes contre les traitements médicaux ou chirurgicaux précoces non consentis réalisés sur les personnes intersexes. C'est une mission importante car l'intersexuation n'existe pas dans les représentations communes. Dans la terminologie médicale on parle de « désordre », « anomalie », « trouble du développement », « syndrome », alors que ce ne sont que des variations du vivant qui n'ont rien à voir avec la santé de l'enfant.

De votre point de vue, comment est accueilli·e un·e enfant intersexe aujourd'hui en France ?

L'intersexuation n'est pas forcément visible à la naissance, elle peut être découverte bien plus tard : dans l'enfance ou au moment de la puberté. Certain·es apprennent leur intersexuation quand ils ou elles veulent être parents. Dans le cas du diagnostic à la naissance, se pose la question de l'assignation de genre à l'état civil. On observe soit une méconnaissance totale de la part du corps médical, soit une redirection automatique des bébés vers les centres spécialisés[4].

« En France, l'excision est formellement interdite et considérée comme “barbare”… mais certains médecins prescrivent encore des procédures de réduction du clitoris sur des personnes intersexes sans leur consentement ! »

En France, la stratégie est de systématiser la prise en charge des enfants concerné·es en prescrivant des traitements non consentis, des protocoles adoubés par la Haute Autorité de santé. Le consensus revient à dire qu'il est impossible de grandir avec un corps qui a des variations de caractéristiques sexuelles et que les corps doivent se conformer à l'archétype du genre féminin et masculin. Mais à cause de l'hétéronormativité médicale et sociétale, cela peut aller très loin : on considère qu'une femme doit être pénétrée et qu'un homme doit pénétrer, il y a donc une expertise sur la rectitude du pénis (il faut bander droit) et sur la profondeur du vagin.

Et si l'intersexuation est découverte longtemps après la naissance ?

La personne a alors déjà grandi avec une assignation sociale déterminée pour elle, mais elle va faire l'objet d'une très forte pathologisation [la situation de la personne sera présentée comme une maladie grave nécessitant une intervention]. En général, le protocole mis en place suit le genre donné à la naissance, sauf si la famille est très ouverte. J'ai récemment parlé avec la mère d'une adolescente dont une équipe médicale allait artificiellement provoquer la puberté : elle était en mesure de déconstruire le discours médical et d'écouter le choix de sa fille qui avait refusé le traitement. Nous accompagnons les parents parce qu'ils et elles ont besoin d'être rassuré·es, de rencontrer d'autres parents.

Pourquoi la France semble ne rien faire pour mettre fin à ces prises en charge considérées comme abusives par l'ONU[5] ?

Dans les sociétés occidentales, déconstruire culturellement l'approche médicale du soin est compliqué. Par exemple, en France, l'excision est formellement interdite et considérée comme « barbare »… mais certains médecins prescrivent encore des procédures de réduction du clitoris sur des personnes intersexes sans leur consentement ! On pourrait croire que légiférer contre les mutilations non consenties est la solution, mais si l'on prend l'exemple de Malte, on peut en douter. Ce fut le premier pays en Europe à interdire ces pratiques en 2015[6], mais la loi n'est toujours pas mise en application.

Parvenez-vous à faire changer les choses dans l'appréhension de l'intersexuation chez les professionnel·les de santé ?

Certain·es médecins adoptent le principe du « patient sachant », estimant que l'opinion de celles et ceux qui prennent fait et cause pour les personnes intersexes sont quasi inexistantes dans les centres de référence. Les spécialistes existent mais ils ou elles sont encore pathologisant·es et jouissent d'une légitimité très forte. C'est très compliqué à déconstruire.

Les débats sur la réforme de la loi bioéthique (projet de loi adopté à l'Assemblée nationale en août 2020) n'auront finalement pas permis de repenser collectivement le traitement des personnes intersexes. Qu'en pensez-vous?

Il s'agit d'une injustice testimoniale: la parole publique des médecins a toujours plus de pouvoir. En amont du vote de la loi bioéthique, nous avons tenté de faire entendre notre voix pour que l'interdiction des mutilations génitales soit inscrite dans la loi. Sans réponse de la part des ministères de la Santé et de la Justice, nous avons dû passer par les associations, par la Délégation interministérielle à la lutte contre le racisme, l'antisémitisme et la haine anti-LGBT (DILCRAH), par le Défenseur des droits et en interpellant plusieurs député·es qui soutenaient le collectif. Nous avions un argument de poids pour les convaincre: la France a quand même été condamnée trois fois pour actes de torture par trois instances différentes de l'ONU entre janvier et juillet 2016! Mais il y a eu volte-face, certain·es parlementaires de la majorité, très couard·es, ont préféré écouter les chirurgien·nes de centres de référence qui étaient venu·es donner leur point de vue lors des auditions à la commission spéciale chargée d'examiner le projet de loi bioéthique. La ministre de la Santé d'alors, Agnès Buzyn [elle a démissionné de son poste le 16 avril 2020], ne voulait pas perdre la face vis-à-vis de ses collègues médecins. Des député·es souhaitaient quand même «faire quelque chose»: au lieu de mettre fin aux mutilations, on a donc abouti à une simple loi d'organisation de la filière de prise en charge par les centres où sont prescrits les actes mutilants sur les enfants intersexes.

Votre dernière campagne de sensibilisation aux droits des personnes intersexes «Justice maintenant» a été lancée en novembre 2020. Quel est son objectif?

D'abord, le droit à la vérité médicale: nous aidons les personnes intersexes à faire une saisine auprès du Défenseur des droits en cas de refus d'accès à leur dossier médical par les personnels de santé et nous les accompagnons dans la lecture du dossier, une étape qui peut être très difficile à vivre. Ensuite, le droit à la réparation: aider les personnes à faire constater un préjudice, à porter plainte avec constitution de partie civile, à faire prévaloir le dommage corporel. Enfin, nous nous battons pour le droit à obtenir des condamnations des institutions hospitalières ou des professionnel·les qui ont prescrit et réalisé des traitements de conformation des corps des enfants et adolescent·es intersexes sans leur consentement éclairé. ●

Entretien réalisé le 10 décembre 2020 par Anne-Laure Pineau

Journaliste pigiste indépendante, membre du collectif Youpress et de l'Association des journalistes lesbiennes, gay, bi·e·s, trans et intersexes (AJLGBTI).

---

1. «How sexually dimorphic are we? Review and synthesis» (article collectif), *American Journal of Human Biology*, 2000.

2. Gonadectomie: intervention chirurgicale consistant à retirer les ovaires ou les testicules (les gonades).

3. «Droits de l'homme et personnes intersexes», document thématique (dernière réimpression, juin 2017).

4. Chaque année, à Paris, l'hôpital Necker prend en charge environ 2000 primo-interventions: des protocoles chirurgicaux exercés dès les premiers jours après la naissance.

5. En 2016, trois organes de l'ONU (Comité des droits de l'Enfant, Comité contre la torture et Comité pour l'élimination de la discrimination à l'égard des femmes) ont appelé la France à protéger les enfants intersexes et cesser les mutilations génitales.

6. La loi Gender Identity, Gender Expression and Sex Characteristics, adoptée à Malte en avril 2015 «*interdit explicitement les traitements et/ou interventions chirurgicales d'attribution de sexe qui peuvent être réalisés plus tard, au moment où la personne peut donner son consentement éclairé, sauf circonstances exceptionnelles*».

« ON NE NAÎT PAS ORGANISME. »

DONNA HARAWAY

CYBORGS

LIVRE

***« On ne naît pas organisme »*, écrit Donna Haraway dans un texte paru pour la première fois aux États-Unis en 1991. En dialoguant ironiquement avec Simone de Beauvoir, l'intellectuelle américaine *« lance l'auteur du Deuxième Sexe en orbite en ne se contentant pas de débiologiser le genre mais aussi l'organique et le corps féminin, le sexe même »*, lit-on dans la préface de la traduction française du livre. L'organisme tout entier est une construction sociale. Ne soyons ni hommes, ni femmes, ni singes mais plutôt cyborgs!**

Donna Haraway, *Des singes, des cyborgs et des femmes. La réinvention de la nature*, éditions Jacqueline Chambon, 2009.

MÉTIS

ESSAI

Pendant la colonisation française, des milliers d'enfants sont né·es de parents français et indigènes. Ces métis·ses représentaient *« une menace pour l'ordre colonial »*, écrit l'historienne et sociologue française Emmanuelle Saada. En analysant la refonte du droit de filiation et de la définition de la citoyenneté qui a découlé de l'émergence de cette nouvelle catégorie de « métis », elle montre comment le droit façonne les identités et agit comme un puissant révélateur des représentations et valeurs dominantes.

Emmanuelle Saada, *Les Enfants de la colonie. Les métis de l'Empire français, entre sujétion et citoyenneté,* La Découverte, 2007.

TRANSFUGES DE SEXE

THÈSE

Sociologue, Emmanuel Beaubatie s'intéresse au parcours de vie des personnes transgenres. Dans sa thèse, qui sera publiée en mai aux éditions La Découverte, il fait l'analogie entre les parcours des transfuges de classes et ceux des personnes transgenres à partir de la notion de frontières: transgresser celles-ci, qu'elles soient de classe ou de sexe, c'est s'exposer à de possibles violences. Ces travaux sont l'occasion d'affirmer que, de même qu'il existe plus que deux classes sociales, le genre se définit de manière bien plus diversifiée que ne le laisse supposer la catégorisation femme/homme.

Emmanuel Beaubatie, *Transfuges de sexe, passer les frontières du genre.* À paraître aux éditions La Découverte en mai 2021.

100

CHIFFRE

Pour 100 bébés de sexe féminin qui naissent en France, 105 bébés de sexe masculin voient le jour, selon les derniers chiffres de l'Insee (2019). En valeur absolue, au 1er janvier 2020 on comptait 360 058 garçons de moins d'un an contre 346 324 filles du même âge. Du fait d'une surmortalité précoce des hommes, le rapport s'équilibre vers 25 ans. Les femmes deviennent majoritaires dans l'ensemble de la population entre 25 et 60 ans, avec en moyenne 95 hommes pour 100 femmes. Puis le déséquilibre s'accentue et s'accélère aux âges avancés.

DOCUMENTAIRE

C'est un film qui raconte la colère d'un groupe de personnes intersexes qui luttent pour la reconnaissance de leur identité propre et dénoncent les mutilations qu'elles ont subies. Il égrène des entretiens particulièrement marquants, comme celui de l'activiste et consultant pour le film Vincent Guillot: *« Toutes les nuits depuis l'âge de sept ans je revis tous ces examens de merde, toutes ces violences, tous ces viols. »* La réalisatrice Régine Abadia choisit – et c'est un parti pris fort – de ne jamais convoquer d'expert·es ni de médecins.

Entre deux sexes, 2017, documentaire disponible sur le site arte.tv.

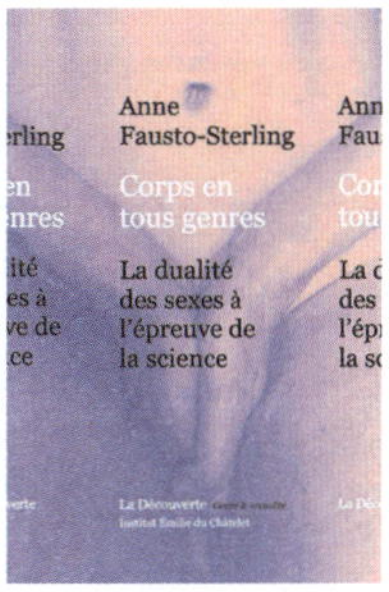

Anne Fausto-Sterling, *Corps en tous genres. La dualité des sexes à l'épreuve de la science*, La Découverte, 2012.

ESSAI

SCIENCES ET POLITIQUE

Publié en 2000, traduit en France en 2012 seulement, l'essai de la biologiste Anne Fausto-Sterling *Corps en tous genres* est devenu une référence pour réfléchir aux aspects normatifs des savoirs scientifiques et médicaux. L'ouvrage est accessible au grand public (à travers des exemples concrets, un emploi assumé du « je » ou l'usage de dessins humoristiques), tout en s'appuyant sur un appareil de notes très conséquent. L'autrice se livre à un passionnant exercice de vulgarisation scientifique sur la (dé)construction des catégories liées aux sexes et à la sexualité, et propose un plaidoyer politique pour une autre prise en charge médicale des personnes intersexuées.

ROMAN

BUTCH

« C'est un garçon ou une fille ? », entend Jess Goldberg à son sujet tout au long de son enfance. Jess, le personnage principal du roman *Stone Butch Blues,* naît aux États-Unis dans les années 1950 au sein d'une famille juive et prolétaire. À l'adolescence, elle découvre la culture des bars de nuit où se côtoient gays, drag queens et lesbiennes... Elle va s'affirmer en tant que *butch* (abréviation de *butcher,* littéralement « boucher·ère », qui désigne les lesbiennes reprenant des codes masculins). Inspiré de la vie de son auteur·ice, Leslie Feinberg, le roman paru en 1993 est une référence dans les communautés lesbiennes et trans. En 2019, le livre culte sort pour la première fois en français grâce à la maison d'édition associative Hystériques et associé·e·s qui en propose une « traduction militante ».

Leslie Feinberg, *Stone Butch Blues,* éditions Hystériques et associé·e·s, 2019.

(Livre téléchargeable gratuitement sur le site hysteriquesetassociees.org).

ENFANCE TRANS

DOCUMENTAIRE

Elle est filmée de profil. Derrière elle, pour la première fois, sa mère raconte à une psychiatre l'histoire de son enfant. Sasha est une petite fille née dans un corps de garçon. Le médecin l'interroge sur la manière dont cela se passe à l'école. Quelques instants plus tard, le visage de Sasha se tord et les larmes coulent. Cette scène dit tout des intentions du réalisateur de *Petite fille*, Sébastien Lifshitz : filmer la transidentité à hauteur d'enfant et raconter le combat d'une famille aimante autour d'elle.

Petite fille de Sébastien Lifshitz, disponible sur le site arte.tv.

FILM

Selon la réalisatrice Amandine Gay, c'est l'un des meilleurs films de fiction sur l'adoption. Palme d'or au festival de Cannes 1996, *Secrets and Lies* raconte l'histoire d'Hortense, Londonienne noire de 27 ans, dont la mère adoptive vient de décéder. Elle décide de partir à la recherche de sa mère biologique et découvre, à sa stupéfaction, que celle-ci est blanche, vit dans un quartier populaire et a déjà une fille, Roxane, âgée de 15 ans. Le film explore à la fois le manque et le besoin de famille en déplaçant cette notion du « faire famille » au-delà des liens du sang et de la question identitaire. *« Ce que je veux, c'est seulement savoir »,* dit Hortense.

Secrets et mensonges de Mike Leigh, 1996, disponible sur les plateformes de VOD.

TEXTE ET PHOTOS **Nancy-Wangue Moussissa**

En juin dernier, alors que la France sort sonnée du premier confinement, la photographe Nancy-Wangue Moussissa dresse le portrait intime et à contre-courant d'une jeunesse d'Île-de-France qui s'éveille à la politique.

RÊVES (DÉ)CONFINÉS

<
Page précédente:

Sarah, 17 ans, Ivry-sur-Seine.
Au pied des bâtiments, Sarah joue au tennis.

Dorénavant, seuls les adhérents du club où Sarah a l'habitude de s'entraîner ont le droit de réserver un terrain. Elle n'a plus accès aux courts, alors elle envoie ses balles puissantes contre les murs où sont dessinées des figures de la résistance palestinienne. Je l'interroge sur son rapport à l'information. *«J'ai gardé l'application de France Inter et commencé à chercher des livres sur des sujets qui m'intéressent. Franchement, Instagram m'aide aussi. J'apprends grâce à des comptes sérieux et crédibles comme @décolonisonsnous, @tetonsmarrons et @noustoutes. En ce moment, je fais un peu de "medianorexie". Il y a tellement de choses anxiogènes qui se passent dans ce monde, purée! C'est un peu dur de tout suivre et de tout connaître, tu vois. Mais j'essaie de me remotiver.»*

RÉCITS POLITIQUES

Elle est partie d'une question générale: *«Comment le confinement a-t-il transformé notre expérience du monde social et politique?»* pour donner à voir et à entendre une jeunesse invisibilisée. En juin dernier, à la sortie du premier confinement, Nancy-Wangue Moussissa rencontre pendant trois semaines des jeunes de son entourage, sa sœur, ses ami·es et des connaissances, pour dresser leur portrait et recueillir leur parole. *«Surtout des femmes, mais sans que j'y voie une réponse genrée»*, précise la jeune femme de 19 ans, étudiante en deuxième année à Sciences Po Paris. Ses portraits racontent l'histoire d'une conscience politique en pleine formation: de la lutte contre le racisme à la reconnaissance de l'héritage colonial de la France, en passant par le féminisme et l'écologie. Parmi les fils qui tissent ces rencontres, on trouve des livres et des films: ceux qui aident à se (dé)construire et à forger la révolte.
Nancy-Wangue Moussissa découvre la photo à 11 ans, se forme sur Youtube et en regardant les portfolios sur le site de l'agence Magnum. À 13 ans, son père lui offre son premier appareil numérique. Elle publie ses clichés sur son compte Instagram @nanxiwangue.

^

Khera, 18 ans, Saint-Ouen.
Elle lit *Et la justice égale pour tous… Un avocat dans l'enfer des prisons américaines* de Bryan Stevenson, pendant que sa petite sœur joue.

« Tu vois Alice Nevers ? Je veux faire pareil. » Khera aime passer du temps dans les librairies, s'asseoir et lire des romans. Ceux de Toni Morrison, Joël Dicker, Malorie Blackman, Rick Riordan, Stieg Larsson, Suzanne Collins ou encore Madeline Miller… Les épisodes de la série de comics *Injustice* prennent un ton différent au regard de l'actualité. *« J'ai tellement de colère en moi, je sais pas quoi en faire. Je trouve que les réseaux sociaux ne sont pas assez efficaces. J'ai lu* Justice League *et quand Superman tue le Joker, je me suis dit que c'était peut-être la solution, assez radicale et immorale. Maintenant, je ne vais pas aller tuer les policiers racistes, même si ce sont des meurtriers. Donc je participe aux manifestations et, plus tard, je voudrais sûrement me diriger vers le droit pénal. »*

<

Aminata, 20 ans, Sevran.
En tenue de prière, elle pose sur le canapé de son salon.

À la télé, passe un épisode d'une série dramatique américaine de la fin des années 2000. Sur le canapé, nos assiettes de riz à la main, Mimi et moi commentons Netflix et nos habitudes alimentaires. Je lui demande son avis sur le déboulonnage des statues liées à l'esclavage [au printemps dernier, pendant les manifestations antiracistes, des statues représentatives de la période coloniale ont été déboulonnées, notamment aux États-Unis, en Belgique ou encore en Angleterre]. *« C'est très symbolique mais la France n'assume pas son passé impérialiste et colonial. Et assumer, ce serait dire "bon, on accepte et on va arrêter de glorifier ces gens-là parce que c'étaient pas des gens bien". »*

<

Dans la chambre de Salimata, la une des *Inrockuptibles* avec le portrait d'Assa Traoré est punaisée au mur.

^
Mah-Fanta, 18 ans, Sevran.
Dans sa chambre, elle joue du trombone.

Mah-Fanta, 18 ans, est étudiante en histoire de l'art. Confinée, elle réfléchit à son statut de femme noire dans la société française. «*Au-delà des diverses oppressions que l'on subit, je veux vraiment connaître toutes les spécificités de cette identité. On nous décrit souvent comme le tapis de la société, mais on réussit les ascensions sociales les plus folles.*» Elle cite Beyoncé, Aya Nakamura, Christiane Taubira, Toni Morrison et Laura Flessel.

<
Salimata, 24 ans, Arcueil.
Elle fait du sport dans son salon et enchaîne les exercices.

Un samedi matin, Salimata m'accueille dans son appartement, deux heures avant son départ en vacances. Salimata n'a jamais été militante, mais à l'annonce des premiers rassemblements contre les violences policières, elle a partagé les infos sur les marches. «*Macron a dit qu'il soutenait la police, qu'il était contre une* "réécriture haineuse ou fausse de l'histoire" *et que la République ne déboulonnera aucune statue. Il n'y a aucune remise en question. En gros, tout ce que nous disons, c'est parce qu'on a la haine. Faut avoir conscience de ce que ton pays a fait de bien mais aussi ce qu'il a fait de mal.*» Sur le départ, Salimata lâche: «*C'est dur d'être noire, et je ne le suis qu'à moitié.*»

^
Nasma, 20 ans, dans un fast-food à Villejuif.

Je retrouve Nasma, étudiante en psychologie, dans un fast-food bordant une route départementale. *« La montée des eaux à cause du réchauffement climatique me fait peur. Je viens d'une île (aux Comores) et je me dis que cette île peut disparaître. »* Au fil de notre conversation, nous parlons des violences policières. *« Si demain je me fais contrôler, je ne serai pas sereine. Depuis la maternelle on nous apprend la devise "Liberté, Égalité, Fraternité", mais on se retrouve à avoir peur devant la police. »*

<
Page précédente :

Michèle, 26 ans, Vitry-sur-Seine. Dans sa salle de bains, elle prend la pose.

Michèle s'apprête à se rendre à l'apéro qu'elle a organisé pour fêter son anniversaire avec ses amis. *« Ça fait trois mois que je ne me maquille plus. J'étais censée m'améliorer, mais que dalle. »* Sortir après la période de confinement nous confronte à des gestes quotidiens dont nous avions, pour certains, perdu l'habitude. Pendant que je la photographie, nous continuons notre discussion sur les produits de beauté qu'elle utilise. *« Tout ça, c'est pas "black owned" ! »* remarque-t-elle en riant, sa cire pour cheveux dans la main. Depuis le meurtre de George Floyd et les mouvements de protestation qui ont suivi, Michèle s'attache à soutenir les entreprises dirigées par des personnes noires en privilégiant l'achat de produits vendus par ces entreprises.

Laetitia, 19 ans, Vitry-sur-Seine.

«Pendant le confinement, les clients faisaient la queue jusqu'à la pharmacie pour des clopes. Des tontons sortaient pour rien du tout, pour nous demander quand est-ce que la pandémie allait finir», se rappelle Laetitia. *«Quand je travaille, je porte le masque. On m'a souvent demandé: "Pourquoi tu portes le masque? C'est fini." Les gens n'ont pas peur du virus.»* Laetitia me confie qu'elle a peur d'être porteuse du virus, elle qui vit avec ses parents sexagénaires et sa nièce. *«Si je leur refile, je ne me le pardonnerai jamais.»*

QUE FAIRE DES VIOLEURS ?

Le mouvement #MeToo de dénonciation des violences sexuelles a révélé l'ampleur d'un phénomène massif et systémique. Mais si les victimes sortent de l'ombre, les agresseurs, eux, y restent. Il n'existe pas ou peu d'études sur les violeurs. Les rares fois où ils sont condamnés par la justice, ils finissent en prison sans accompagnement. On sait qu'ils ne sont ni des monstres, ni « les autres » : ce sont nos voisins, nos maris, nos frères, nos pères. La sociologue Véronique Le Goaziou, l'autrice Valérie Rey-Robert et le directeur d'un centre socio-judiciaire François Roques débattent ensemble de la culture du viol, des défaillances du système judiciaire et des alternatives à la prison.

ILLUSTRATIONS **Sandrine Martin**

1. En moyenne, le nombre de femmes, âgées de 18 à 75 ans, qui au cours d'une année sont victimes de viols et/ou de tentatives de viol est estimé à 94 000 femmes, d'après la Mission interministérielle pour la protection des femmes contre les violences et la lutte contre la traite des êtres humains (Miprof). Dans 91 % des cas, ces agressions ont été perpétrées par une personne connue de la victime. Dans 47 % des cas, c'est le conjoint ou l'ex-conjoint qui est l'auteur des faits. 12 % des victimes portent plainte.

VÉRONIQUE DE GOAZIOU
Sociologue, chercheuse associée au LAMES-CNRS d'Aix-en-Provence. A publié *Le viol, aspects sociologiques d'un crime* (La Documentation française, 2011) et *Viol. Que fait la justice ?* (Les Presses de Sciences Po, 2019).

VALÉRIE REY-ROBERT
Créatrice du blog crepegeorgette.com, autrice de *Une culture du viol à la française* (Libertalia, 2018) et *Le Sexisme, une affaire d'homme* (Libertalia, 2020).

FRANÇOIS ROQUES
Psychopédagogue de formation, directeur de l'Association pour le contrôle judiciaire en Essonne, structure socio-judiciaire qui travaille entre autres sur les parcours alternatifs à la prison avec des auteurs de violences conjugales et sexuelles depuis près de vingt ans.

Environ 94000 viols seraient commis chaque année en France[1]. Peut-on esquisser un profil des auteurs, à savoir des hommes dans 94% des cas?

FRANÇOIS ROQUES: Dans mon service, on a plusieurs moyens de connaître le parcours des hommes que nous prenons en charge: il y a les enquêtes sociales rapides effectuées avant qu'ils ne soient présentés devant un magistrat, les contrôles judiciaires, les suivis des alternatives à la détention et les enquêtes de personnalité. Cela fait 17 ans que je travaille dans cette structure où les agresseurs sexuels et les violeurs représentent environ 35% des prises en charge et, honnêtement, je suis incapable d'établir un profil type, que ce soit en termes d'âge ou d'origine socioculturelle.

VÉRONIQUE LE GOAZIOU: Un des grands enseignements des travaux sur les violences sexuelles, c'est qu'il n'y a pas de profil type du violeur. Les mouvements féministes le disaient déjà dans les années 1960-1970. Comme il n'y avait, à l'époque, que très peu de travaux sur les violences sexuelles, ils se basaient sur les groupes de parole: *«Le violeur est un bon père de famille, un bon époux et un bon travailleur»*, résumait Gisèle Halimi. Cela a ensuite été validé par les enquêtes de victimation. Quand on a demandé aux victimes de violences sexuelles qui étaient leurs agresseurs, elles ont répondu *«mon père, mon ami, mon mari, mon voisin»*. Le viol est d'abord un crime de proximité. Il existe des viols par inconnus, mais c'est une minorité.

En revanche, on observe un biais pour les affaires judiciarisées. Alors qu'on sait que les viols sont commis dans tous les milieux socioculturels, une plus forte proportion d'auteurs issus de milieux populaires passe devant la justice. Ce décalage est flagrant en cour d'assises: où sont les pompiers, les généraux, les prêtres, les éducateurs, les représentants de la classe moyenne? Lors de ma première étude en 2011 (parue sous le titre *Le viol, aspects sociologiques d'un crime*), on avait calculé que pas loin de 80% des auteurs de violences sexuelles jugés devant une cour d'assises étaient issus de milieux populaires, certains vivant à la limite de la précarité: des SDF, des chômeurs, etc. Il n'y a pas encore d'étude sur les peines jugées devant un tribunal correctionnel[2], mais il semblerait que la proportion de personnes issues des milieux favorisés est d'autant plus importante que la procédure pénale est courte. A contrario, au vu des éléments dont on dispose dans les dossiers de classement sans suite, les auteurs appartenant aux classes sociales favorisées y seraient davantage représentés. Cela signifie qu'ils échapperaient plus que les autres au filet de la justice.

VALÉRIE REY-ROBERT: En France, on a très peu d'études, mais aux États-Unis, deux enquêtes importantes ont porté sur les violeurs non identifiés[3], c'est-à-dire qui n'ont été ni dénoncés ni arrêtés. Les auteur·rices de ces enquêtes ont voulu savoir le pourcentage de violeurs dans des groupes d'hommes, qu'on ne peut connaître qu'en posant, de manière directe ou indirecte, la question *«Avez-vous violé?»*. Plus de 6% ont répondu oui

2. Dans le système pénal français, le tribunal correctionnel juge les délits passibles de moins de dix ans de prison, tandis que la cour d'assises juge les crimes, plus graves, passibles de plus de dix ans d'emprisonnement.

3. «Repeat rape and multiple offending among undetected rapists», *Violence and Victims* (2002) et «Reports of rape reperpetration by newly enlisted male navy personnel», *Violence and Victims* (2009).

«L'image d'Épinal du violeur aide à préserver une paix sociale.»

Valérie Rey-Robert

ENVIRON

dans la première étude qui portait sur une population lambda d'hommes, et 13 % dans la seconde qui portait sur des membres de la marine américaine. De manière assez surprenante, les auteurs de violences sexuelles s'identifient assez facilement comme violeurs, même lorsque le mot « viol » est prononcé. Ce sont très majoritairement des multirécidivistes : ils ont violé plusieurs fois, mais ont aussi commis plusieurs autres types d'infractions.

Pourquoi un tel décalage entre la réalité et l'imaginaire collectif autour du viol, qui continue à véhiculer le mythe de Noirs et d'Arabes agressant des inconnues dans les parkings ?

VALÉRIE REY-ROBERT : Pour se rassurer. Le premier aspect de la culture du viol[4], c'est l'altérisation des violeurs : quand tu es un blanc de classe moyenne, si tu dis que le violeur est un autre, un homme noir qui viole des femmes en réunion dans une cave, ça te permet de ne pas interroger tes propres comportements. L'image d'Épinal du violeur aide à préserver une paix sociale. Réaliser que les violeurs sont des gens comme tout le monde est très inquiétant, ça oblige à réfléchir à qui sont nos pères, nos frères, nos amis.

VÉRONIQUE LE GOAZIOU : Je crois que les choses progressent un peu. On n'a plus ces campagnes de communication avec une femme qui marche seule dans une rue sombre où elle est agressée. On admet qu'il faut communiquer sur le viol comme crime de proximité. C'est un vrai défi : comment prévenir un mal possible dans des lieux comme la famille, espace de protection et d'amour ? Comment faire de la prévention envers les mineurs, premières victimes des violences sexuelles, lorsqu'il s'agit de leur dire que le premier violeur potentiel est un membre de leur famille, voire leur père ? Est-ce que c'est audible ? C'est la même chose pour les femmes adultes, dont le premier agresseur potentiel est l'homme qui partage leur vie.

Au Canada, il existe des programmes de prévention des violences sexuelles dès l'école maternelle. Où en est-on en France sur cette question ?

FRANÇOIS ROQUES : On est encore beaucoup sur un message de culpabilisation des victimes. On s'adresse aux femmes pour leur dire de faire attention mais on se préoccupe encore très peu de communiquer en direction des auteurs de ces violences. Les violeurs sont des hommes, donc si on veut faire de la prévention et de l'éducation, faisons-en à destination de ceux qui commettent ces viols. Il faudrait qu'on soit beaucoup plus combatif·ves dans cette approche. On n'a pas encore prononcé le mot patriarcat mais ces violences s'inscrivent dans cette trame de fond. Il faut viser un changement de société.

V.R-R. : En novembre dernier, le Numéro Vert d'écoute à destination des pédophiles a enfin été étendu à tout le territoire [après avoir été expérimenté dans quelques régions]. C'est une excellente nouvelle. Mais le gouvernement n'a absolument pas dit – et il serait bien en peine de le faire – quels moyens supplémentaires seraient mis en œuvre. Si un pédophile appelle en disant qu'il veut recevoir des soins, que se passera-t-il si on lui répond qu'il y a cinq mois d'attente ? À propos de l'éducation sexuelle des plus jeunes, Najat Vallaud-Belkacem avait mis en place les ABCD de l'égalité[5], qui avaient le mérite de poser des bases. Le gouvernement de Jean-Marc Ayrault a reculé sous la pression des lobbies réactionnaires pour les remplacer par des mesurettes sans intérêt. Oui, il faudrait mettre en

4. La culture du viol est un concept inventé par les féministes américaines dans les années 1970 pour désigner un environnement social et médiatique dans lequel les violences sexuelles sont banalisées, voire acceptées et excusées.

5. En 2013, la ministre des Droits des femmes Najat Vallaud-Belkacem expérimente dans 600 classes des ABCD de l'égalité, un programme visant à lutter contre le sexisme et les stéréotypes de genre en maternelle et primaire. Face à de nombreuses attaques, les ABCD de l'égalité ne dépasseront pas le stade de l'expérimentation et seront abandonnés l'année suivante.

place un très gros programme d'éducation sur le sujet, parce que tout violeur a été un gamin de dix ans. Mais si ensuite toute la société explique à un violeur que ça n'est pas grave, que la victime l'a bien cherché et qu'on ne va pas briser sa vie pour ça, ça reste compliqué de faire de la prévention… La campagne contre le harcèlement sexuel dans les lycées « Quand c'est non, c'est non » de 2017 a été un échec. Il existe un exemple de campagne qui semble avoir fonctionné : lancée en 2013 à Vancouver au Canada, l'initiative « Don't Be That Guy » adoptait le point de vue de l'homme. D'après la police, on a ensuite constaté une baisse de 10 % des viols et agressions sexuelles. C'est léger mais toujours bon à prendre.

Campagne « Don't be that guy » (« Ne sois pas ce mec ») à Vancouver au Canada en 2013. © SAVE (SEXUAL ASSAULT VOICES OF EDMONTON)

V.LG. : Il ne faut pas oublier que pendant des siècles, un viol ça n'était pas grave, sauf cas rares, et que les mentalités changent très lentement, ça prend des décennies. On a l'impression qu'on peut faire une campagne de com' pour que ça bouge, mais pas du tout ! Ça n'est pas si étonnant que des auteurs de violences sexuelles qui sont condamnés tombent de leur chaise en disant *« ah bon, c'est grave ce que j'ai fait ? »*, tellement ça peut être inscrit dans une culture, des habitudes. C'est également vrai pour certaines victimes. J'ai été frappée de voir dans plusieurs dossiers judiciaires, des femmes qui disaient *« ça n'est pas la mer à boire, je retire ma plainte »*.

Dans les suites du mouvement #MeToo, de nombreuses critiques ont émergé sur le traitement judiciaire des violences sexuelles, en particulier des viols, pourtant punis sévèrement par le code de procédure pénale avec des peines allant jusqu'à 20 ans de prison. Peut-on parler de défaillances du système judiciaire français autour de ces questions[6] ?

V.LG. : Si on regarde les chiffres, seulement 10 à 15 % des viols sont connus de la justice : c'est le sommet de l'iceberg. Et parmi ces dossiers, environ 10 % seulement finissent aux assises. Donc oui, il y a un problème. On peut le comprendre de deux façons : soit on dit que la justice ne fait pas son

94 000 VIOLS

6. Sur le parcours des victimes de viol, écouter l'excellente série de Clémence Allezard et Séverine Cassar « Violé·es : une histoire de dominations », diffusée en quatre épisodes dans LSD, La série documentaire (France Culture).

travail, qu'elle est inefficace, et dans ce cas il faut changer les choses, soit on attend d'elle des choses qu'elle ne peut pas nous donner. J'opte plutôt pour la deuxième option. Pour avoir dépouillé des centaines de dossiers judiciaires, je pense que la justice fait plutôt bien son travail avec les faibles moyens dont elle dispose. Mais elle fonctionne avec des principes : le contradictoire, l'équité devant les parties et la présomption d'innocence, principe constitutionnel. Or ces principes sont une quasi-maltraitance pour la victime. La justice n'est pas volontairement maltraitante, c'est beaucoup moins binaire que ça. Mais le système pénal n'est pas fait pour les victimes. C'est le ou la procureur·e et le ou la juge d'instruction qui sont à la manœuvre, pas les victimes. Donc il peut y avoir des décalages entre ce que l'on attend de la justice – et, de mon point de vue, on pourrait réfléchir à cette volonté de judiciarisation systématique des violences sexuelles – et les résultats piteux que l'on obtient. La justice est-elle véritablement le bon moyen pour répondre aux violences sexuelles ? J'entends les cris d'orfraie *« il faut condamner les violeurs, il faut les punir »*, certes, mais ça ne marche pas, ou peu !

VALÉRIE REY-ROBERT: Je pense a contrario que la justice fonctionne mal. Les juges, les procureur·es et les avocat·es ont les mêmes préjugés que l'ensemble de la société sur le viol. On sait, par exemple, qu'il y a des « correctionnalisations[7] » pour des fellations forcées et des pénétrations digitales, parce qu'à l'instar de toute la société, les magistrat·es considèrent qu'un « vrai » viol, c'est un pénis dans un vagin ou un anus. Je ne dis pas qu'il ne faut pas porter plainte, mais la réalité est qu'il vaut mieux y aller avec un·e avocat·e, ce que peu de gens savent et peuvent se permettre. En fonction de ta couleur de peau et de celle de ton agresseur, ou si tu as des papiers ou non, si tu es travailleur·euse du sexe, tu ne seras pas reçu·e de la même manière par la police.

FRANÇOIS ROQUES: La justice fonctionne comme elle peut, avec les moyens qu'elle a et les grands principes qui la régissent, lesquels ne permettent pas forcément de donner à la victime la place qu'elle devrait avoir dans la chaîne pénale. Pour en avoir discuté avec des collègues d'associations de victimes, le parcours du combattant dont on parle pour les victimes de viol qui portent plainte n'est pas une vue de l'esprit, c'est une réalité. Mais la justice n'a pas vocation à réparer ces victimes.

Certaines associations demandent l'allongement des délais de prescription ou l'inscription dans la loi de la notion de consentement. Êtes-vous en faveur de ces modifications ?

VÉRONIQUE LE GOAZIOU: Pour moi l'allongement des délais de prescription est le meilleur moyen d'augmenter le nombre de classements sans suite et de

7. La correctionnalisation est un procédé judiciaire qui consiste, avec l'accord de la victime, à requalifier des crimes en délits pour qu'ils ne soient plus jugés aux assises mais au tribunal correctionnel.

SERAIEN

COMMIS

correctionnalisations. À mon sens, ce serait totalement contre-productif. On imagine bien combien ça peut être long pour des personnes qui ont subi des viols de pouvoir les conscientiser, de mettre des mots dessus et d'entamer tout un chemin qui pourra, éventuellement, les conduire vers la pénalisation. Le temps long a du sens pour les victimes, en particulier quand elles ont été violées dans leur enfance. Porter son affaire en justice ne se fait pas sur un claquement de doigts. Mais du point de vue pénal, il faut penser aux preuves. Une des grandes difficultés pour la justice est de prouver les viols. La majorité d'entre eux sont commis sans violence physique supplémentaire entre l'auteur et la victime, dans un coin discret, et les preuves sont extrêmement rares. Plus les affaires sont anciennes, plus les éléments de preuves sont difficiles à collecter. On est déjà à trente ans de prescription à partir de la majorité pour les crimes commis sur les mineur·es, rallonger les temps de prescription ne va rien régler. Je suis également opposée au renversement de l'apport de la preuve. Ce ne serait plus au ministère public de prouver qu'il y a eu viol, mais à l'auteur présumé qu'il n'y a pas eu viol. C'est le renversement complet d'une justice démocratique, ça n'est pas possible. Pour essayer d'être positive, je vois des pistes dans l'amélioration de la protection des victimes. Des choses sont faites, par exemple avec le dispositif « téléphone grave danger[8] » et l'ordonnance de protection[9], mais trop lentement. Deuxième point, il faut demander aux victimes ce qu'elles attendent de la justice. À ma connaissance, la question ne leur est jamais posée. Quand on lit les dossiers judiciaires, on s'aperçoit que c'est très varié. On peut avoir le sentiment que toutes les victimes veulent mettre leur agresseur en prison pour 20 ans, mais qu'est-ce qu'on en sait ? Donnons-nous les moyens de savoir ce que les plaignant·es attendent du système judiciaire.

F.R. : Je travaille beaucoup avec les associations d'aide aux victimes. Il y a quelques années, la question leur a été posée : quelles sont vos attentes par rapport à la judiciarisation des crimes de viol ? La réponse ultra-majoritaire était *« que mon agresseur ne recommence pas »*. Il ne s'agissait pas d'une réparation ou de la reconnaissance du statut de victime.

V.R-R. : Le viol a déjà le même niveau de prescription qu'un meurtre, symboliquement ça me pose un gros problème : je trouve ce discours dangereux pour les victimes, parce qu'il leur laisse entendre qu'être violé·e, c'est être mort·e. C'est ce qu'elles ou ils peuvent éventuellement ressentir et c'est évidemment légitime, mais je ne pense pas que ce soit le discours à leur tenir. Juger un homme cinquante ans après, quel sens cela a-t-il ? Sur l'inscription dans la loi du terme « consentement », pour moi tant que les magistrat·es sont imprégné·es de préjugés sexistes (hommes ou femmes), ça ne changera rien. On voit bien qu'à l'heure actuelle, alors que la loi est plutôt bien faite, il existe des contournements avec la correctionnalisation.

Que sait-on du parcours pénal et carcéral des hommes condamnés pour viol ?

F.R. : Dans ma structure, nous prenons en charge des auteurs de violences sexuelles hors milieu carcéral, c'est-à-dire qui se

8. Le « téléphone grave danger » permet à une victime de viol ou de violences conjugales d'alerter les forces de l'ordre si elle se sent en danger.

9. L'ordonnance de protection permet à une victime de violences conjugales de bénéficier de mesures de protection (organisation de la séparation, prise en charge du logement, déblocage d'épargne, etc.) même si elle n'a pas déposé plainte.

sont vu proposer des alternatives à la détention. Mais on a finalement assez peu de réponses à leur apporter: une obligation de soin, qui fait partie du contrôle judiciaire, des mesures protectrices d'interdiction de territoire ou d'exercice d'une activité professionnelle, etc. Dans la grande majorité des cas, les hommes que l'on reçoit ne se reconnaissent pas en tant que violeurs, donc mettre en place une démarche de soin proactive quand on est dans la négation de l'acte a peu de chance de fonctionner... On oriente vers des structures spécialisées dans la prise en charge des agresseurs sexuels, mais on n'est jamais sûr·es de l'investissement du mis en cause. Dernièrement, on m'a confié des dossiers très sensibles avec des violeurs multirécidivistes remis en liberté. Je vous avoue qu'en ce moment je ne dors pas très bien. Je sais que j'ai des types dans la nature qui sont des violeurs d'enfants, je ne suis pas tranquille. On sait d'expérience qu'on arrive à les contenir grâce à un cadre ferme, cohérent. Dans l'alternative à la détention, il y a toujours une prise de risque. Mais avec l'incarcération sans prise en charge, il n'y a aucune raison que la personne soit différente à la sortie. La réponse carcérale n'est sécurisante que de manière temporaire. Si on ne fait rien, ça recommencera.

VÉRONIQUE LE GOAZIOU: Pour les auteurs condamnés, c'est-à-dire une toute petite minorité, la question qui se pose en effet est celle du sens de la peine. Avec l'incarcération, la société se protège en mettant à l'écart des personnes qu'elle juge dangereuses, mais il est évident que si personne ne questionne le passage à l'acte, ça ne fait pas avancer la situation de l'auteur. C'est vrai pour les auteurs de violences sexuelles comme pour ceux qui conduisent en état d'ébriété, par exemple.

VALÉRIE REY-ROBERT: Mettre des violeurs en prison ne protège pas la société: ils peuvent très bien violer d'autres détenus. Sur la prise en charge de ces hommes, le discours d'Élisabeth Moreno[10] [ministre déléguée à l'Égalité femmes-hommes] en novembre dernier ne me rassure pas: on retourne quarante ans en arrière. Employer le terme «prédateurs» n'a aucun sens, c'est vraiment le PMU du coin. Elle ne connaît pas ces sujets. On peut être prédateur et malade alcoolique, l'un n'exclut pas l'autre. Si les politiques se mettent à dire que ce sont des prédateurs qui tabassent leur femme, comment les féministes peuvent-elles expliquer que ce sont des messieurs tout-le-monde? C'est un discours dangereux. Et *«pas de pitié pour les prédateurs»*, ça veut dire quoi? On les enferme à vie? Je suis assez pessimiste: les gouvernements mettent en place des mesurettes parce que électoralement ça paie, mais il faudrait réfléchir à des procédures extrêmement longues, donc coûteuses. On peut bien discuter de tout ce qu'il faudrait, tant qu'il n'y aura pas un milliard d'euros sur la table, ça ne servira à rien! Et il faut aussi consacrer de l'argent à la recherche, payer des sociologues pour qu'il y ait des études et qu'on sache sur quoi on travaille. Avec les travaux états-uniens que j'ai cités au début de ce débat, on sait que les violeurs

10. Élisabeth Moreno, le 6 novembre 2020 sur France Info, à propos des violences conjugales: *«Il y a deux types d'hommes violents: les hommes malades, sous addiction de drogue, d'alcool et autres substances de cet ordre, et les prédateurs. Les prédateurs, il faut les enfermer et il ne faut avoir aucune pitié pour eux. Pour ceux qui sont en souffrance, en difficultés, nous avons décidé d'ouvrir 16 centres d'ici la fin de l'année pour les prendre en charge psychologiquement, médicalement mais aussi les aider socialement.»*

«La réponse carcérale est sécurisante de manière temporaire. Si on ne fait rien, ça recommencera.»

François Roques

CHAQUE ANNÉE

non détectés sont majoritairement des hommes qui récidivent, il faut faire le même genre d'études en France.

V.LG.: Ce discours d'Élisabeth Moreno était vraiment le degré zéro de la réflexion. Là aussi il y a un décalage entre la place qu'ont prise les violences sexuelles dans le débat public et la réalité. On a l'impression que tout le monde s'en occupe alors que, concrètement, très peu de gens travaillent sur ces questions et peu de choses sont faites. C'est de la démagogie. Oui, Élisabeth Moreno nous ramène quarante ans en arrière parce qu'on a avancé dans la réflexion. Qu'est-ce qu'on sait? Que c'est complexe, qu'on ne peut pas, à coups d'annonces politiques, dire qu'on va enfermer les prédateurs. C'est faire fi de tous ceux qui travaillent sérieusement sur ces questions. Si c'était aussi simple que ça, on aurait trouvé la solution! Si on tâtonne, c'est parce qu'il y a peu de moyens, mais aussi parce que c'est compliqué de savoir quoi faire des violeurs, de faire de la prévention, c'est compliqué de changer la société.

Le mouvement pour l'abolitionnisme pénal qui veut en finir avec la prison, voire avec le système pénal tout entier, connaît un renouveau ces derniers temps. Faut-il sortir les luttes féministes du terrain du droit? Pourrait-on imaginer d'autres formes de justice non punitives, comme la justice réparatrice[11] ou la justice transformatrice[12]?

V.LG.: Les travaux de Gwenola Ricordeau[13] [chercheuse et professeure de criminologie à la California State University] montrent bien la richesse des débats chez les féministes autour des questions des violences sexuelles. On pourrait avoir le sentiment que les mouvements féministes sont tous d'accord entre eux et ont tous opté dans les années 1980 pour la voie pénale, ce qu'on appelle aussi la voie réformiste, dans la foulée de Gisèle Halimi [et du procès d'Aix-en-Provence en 1978]. Mais on oublie qu'il y a eu beaucoup de controverses au sein des mouvements féministes. Ce serait peut-être le moment de rediscuter de tout cela, de s'interroger sur les alternatives à la voie pénale. Il existe quelques travaux sur les justices alternatives, mais ils sont peu nombreux. Ça ne veut pas dire qu'il faut mettre fin à la pénalisation des viols, mais ouvrir la voie à d'autres considérations. Certain·es juges des enfants en parlent très bien, concernant les très jeunes violeurs, parce que les tentatives de justice réparatrice sont aussi des formes de réparations de l'auteur de viol(s). Il faut accepter d'ouvrir ce débat-là: en France c'est encore assez tabou, par rapport à nos collègues suisses et belges. Les violences sexuelles étant des violences de proximité, elles sont en quelque sorte des violences de la relation. Or cette approche de la justice a souvent pour objectif de travailler sur la restauration du lien. Ce sont de vraies pistes de réflexion.

11. La justice réparatrice ou restaurative consiste à faire dialoguer victimes et auteurs d'infractions.

12. La justice transformatrice, mise en place notamment par les milieux de la gauche radicale au Canada, considère les violences sexuelles comme des violences systémiques et encourage le changement des institutions et les sociétés qui les ont produites.

13. Lire notamment de cette autrice: *Pour elles toutes, femmes contre la prison*, Lux Éditeur, 2019.

EN

FRANÇOIS ROQUES: Au Canada, la justice réparatrice est encadrée avec des programmes clairement établis, en France c'est encore flou. Faut-il mettre en place des rencontres entre chaque auteur de violences sexuelles et sa victime, ou travailler comme au Canada avec un auteur et une victime qui n'ont pas de liens entre eux? En France, la médiation en matière de violences conjugales, proscrite par les experts depuis des années, est une ineptie dangereuse pour la victime et montre une ignorance totale des mécanismes d'emprise qui perdurent: ils font de la médiation un outil de manipulation et d'emprise supplémentaire à disposition du conjoint violent. Je travaille avec les auteurs de violences sexuelles et conjugales, accompagner les victimes est un autre métier que je ne sais pas faire. Pour moi, la nécessité de mettre en relation les deux ne s'est jamais posée.

VALÉRIE REY-ROBERT: L'association L'Ange bleu réunit des victimes devenues adultes et des pédocriminels, j'aimerais bien voir leurs résultats. Comment un pédocriminel qui a violé une fillette de huit ans peut se projeter et parler de ses actes avec une femme de 40 ans? Ça n'est pas la même personne qu'il a en face de lui. Ensuite, je pense que ça n'est pas aux victimes de prendre en charge la thérapie des violeurs. Dans la justice punitive, certaines alternatives à la prison fonctionnent, comme les mesures d'éloignement et les bracelets électroniques. Mais il faut arrêter de mettre tous les espoirs dans la justice restauratrice. C'est penser qu'un violeur aurait violé par accident et que si on le met face à sa victime tout à coup il va avoir une épiphanie et décider d'arrêter. Beaucoup savent parfaitement ce qu'ils ont fait. ●

Débat animé le 19 novembre 2020 par Marie Barbier, journaliste et cofondatrice de *La Déferlante*.

FRANCE

À gauche :
Dominique Strauss-Kahn quitte les locaux du commissariat de Harlem, à New York, le 15 mai 2011.
© ALLISON JOYCE / REUTERS

AFFAIRE DSK

LE SEXISME À LA FRANÇAISE

Le 14 mai 2011, le directeur du Fonds monétaire international, Dominique Strauss-Kahn était arrêté à New York, accusé de violences sexuelles à l'encontre de Nafissatou Diallo, femme de chambre de l'hôtel Sofitel. Dix ans plus tard, les réactions politiques et médiatiques à cette affaire apparaissent comme le déclencheur d'un nouveau cycle de mobilisation féministe.

TEXTE **Préparez-vous pour la bagarre**
Activiste féministe souhaitant garder l'anonymat, elle a créé en mars 2019 le compte Instagram Préparez-vous pour la bagarre dans lequel elle analyse le traitement des violences sexistes et sexuelles dans les médias. Elle prépare un livre sur le sujet qui paraîtra à l'automne aux éditions JC Lattès.

À droite:
Nafissatou Diallo, au tribunal lors du procès l'opposant à Dominique Strauss-Kahn à New York, le 10 décembre 2012.

Le 15 mai 2011, je me trouve à Denver, dans le Colorado. Entre deux contrats dans le secteur de l'industrie musicale, je suis venue suivre trois mois de cours pour passer une certification professionnelle en anglais. Betty, la femme de 75 ans qui m'héberge, m'appelle à travers toute la maison pour que je vienne voir «ça». Sur l'écran de la petite télévision de la cuisine, les images de Dominique Strauss-Kahn, les mains menottées, à sa sortie du commissariat passent en boucle. Je le connais parce qu'il est le grand favori des primaires du Parti socialiste et qu'il est présenté comme le futur président de la République française par tous les médias. Pour Betty, c'est le directeur du Fonds monétaire international (FMI). *«What a pig!»* lâche-t-elle. Je suis sidérée par ce que je comprends de la situation: Dominique Strauss-Kahn logeait au Sofitel de New York et, en sortant de sa douche, nu, il aurait agressé sexuellement Nafissatou Diallo, qui s'apprêtait à faire le ménage dans sa chambre.

À l'école de langues où j'étudie, on m'interroge sur l'affaire et sur la réaction des hommes politiques et des journalistes français. Je défends avec ferveur nos hommes de pouvoir, le cloisonnement de la vie privée et de la vie publique, et la «gauloiserie à la française». Au cours du débat, je sens l'impatience monter du côté de l'assemblée composée d'élèves australien·nes, japonais·es, mexicain·es, coréen·nes, etc. Des questions plus précises me sont posées: la France n'aurait-elle pas un problème avec la protection de ses élites? Est-ce, selon moi, un héritage de la monarchie?

L'affaire Strauss-Kahn, que j'ai suivie depuis les États-Unis, sur une ligne de crête entre deux cultures et deux systèmes médiatiques, est en grande partie à l'origine de ma prise de conscience féministe. Elle interroge tout à la fois le fonctionnement des médias, la culture du viol, l'entre-soi des élites, le racisme et le classisme systémiques.

UNE TENTATIVE DE VIOL DÉCRITE COMME DU MARIVAUDAGE

La culture du viol, récemment analysée en France par Valérie Rey-Robert, militante féministe et essayiste, est un système de représentations qui *«s'appuie et se nourrit toujours d'un certain nombre d'idées reçues autour des violences sexuelles et provoque systématiquement des phénomènes similaires observables: fatalisation du viol, excuse des coupables et culpabilisation des victimes*[1]*»*. Dans notre imaginaire collectif, forgé par des siècles de croyance, un agresseur sexuel ou un violeur est un homme marginal, armé, mal éduqué et rôdant la nuit dans les parkings. Depuis la médiatisation des viols collectifs au début des années 2000, c'est aussi un jeune de banlieue. Dominique Strauss-Kahn, lui, n'est pas coupable, non, il est *victime* de ses penchants. Son inculpation *«met en avant ce qui est depuis toujours le talon d'Achille du séduisant intellectuel: son attirance pour le beau sexe»*, écrira le journaliste Jean-François Polo, dans *Les Échos* quelques jours après le déclenchement de l'affaire. Le 18 mai 2011, le psychanalyste Serge Hefez estime même dans une tribune écrite pour *Le Monde* que DSK est sa propre victime: *«L'avenir nous dira si Dominique Strauss-Kahn*

14 mai 2011
À 16h40, Dominique Strauss-Kahn est arrêté à l'aéroport de New York alors qu'il s'apprête à monter à bord d'un avion pour Paris.

15 mai 2011
DSK, qui nie les faits, est accusé d'acte sexuel criminel, tentative de viol et séquestration sur Nafissatou Diallo.

16 mai 2011
Le tribunal pénal de New York inculpe DSK de sept chefs d'accusation passibles de 15 à 74 ans de prison, il est incarcéré à la prison de Rikers Island.

est victime d'une sordide machination, meurtre symbolique d'un homme au faîte de sa gloire, ou s'il vient de mettre en scène, sous nos yeux ébahis, le spectacle de son autodestruction.»

Les faits sont parfois minimisés avec une légèreté déconcertante: «La débandade», titre en une le quotidien gratuit *Métro* le 16 mai 2011. Journalistes et éditorialistes échafaudent la théorie du «dérapage» d'un homme juste, qui ne pensait pas à mal. La frontière entre sexe et violences sexuelles serait floue, facilement franchissable, par maladresse ou excès. On parle d'un homme *«dont il est de notoriété publique qu'il aimait (trop?) les femmes» (La Charente libre), «qui aime les femmes sans modération»* (*Sud-Ouest*), ou d'un *«séducteur jusqu'à l'inconscience» (Le Parisien)*. Interviewé sur France Culture, le fondateur de *Marianne*, Jean-François Kahn, évoque le *«troussage de domestique»* d'une femme de ménage et en une formule compare des faits présumés d'agression sexuelle et de tentative de viol aux marivaudages d'un maître de maison bourgeois avec sa servante.

La victime, Nafissatou Diallo, est la plupart du temps absente des récits. On évoque assez rapidement ses origines sociales, raciales et son physique *«très peu séduisant»* selon les avocats de DSK. C'est une *«une trentenaire très jolie»* avec *«de gros seins et de belles fesses»*, estime un chauffeur de taxi cité dans *France-Soir*. Comme si les violences sexuelles avaient à voir avec le physique des victimes. Elle est immédiatement envisagée comme une fausse accusatrice, au cœur d'un complot international. Dans *Le Nouvel Obs*, le député socialiste Jean-Christophe Cambadélis s'interroge: *«Je ne suis pas du tout, loin de là, un adepte des complots, mais j'ai encore en tête le fait qu'on avait promis à DSK le feu nucléaire dès qu'il ferait ses premiers pas*

19 mai 2011
Inculpé, DSK est remis en liberté et assigné à résidence à New York sous contrôle électronique, après le versement d'une caution d'un million de dollars.

23 août 2011
Le juge Michael Obus décide l'abandon des poursuites.

14 mai 2012
Un an après son arrestation, DSK porte plainte contre Nafissatou Diallo pour accusations infondées et diffamation.

10 décembre 2012
Signature d'un accord financier entre DSK et Nafissatou Diallo, dont les termes sont gardés «secrets» et qui clôt définitivement l'affaire du Sofitel de New York.

de candidat. » Tout comme José Bové, député européen, qui déclare sur Facebook, en mai 2011 qu'il n'a pas les « *éléments concrètement pour dire aujourd'hui s'il y a de l'affabulation, s'il y a eu un piège* ».

Ce mythe de la fausse accusatrice est renforcé par les propos du procureur américain Cyrus Vance Jr quand il met en doute la crédibilité de Nafissatou Diallo : « *Pendant toute la période de l'enquête, la plaignante a menti aux adjoints du procureur sur une série de sujets concernant son passé, les circonstances des faits et ses relations actuelles*[2]. » Il faut pourtant souligner que les mensonges évoqués portent sur le motif de sa demande d'asile, ses fréquentations ou son récit des minutes ayant suivi l'agression – que l'état de sidération pourrait expliquer. Le 23 août 2011, le procureur abandonne les charges pénales contre DSK. L'affaire se règle par un accord civil et un accord financier le 10 décembre 2012. La transaction est pour certains une preuve supplémentaire du complot. « *C'est un tromblon. Elle n'a rien pour elle, elle ne sait pas lire, pas écrire, elle est moche comme un cul, et elle gagne 1,5 million de dollars, c'est quand même extraordinaire comme histoire* », lâche le chroniqueur Franck Tanguy sur RMC, quelques mois plus tard.

« UN GROUPE SERRÉ D'AMIS-HOMMES QUI SE PROTÈGENT ENTRE EUX »

Martine Delvaux, essayiste

Dans l'urgence, sans connaître les détails de l'affaire et dans un réflexe d'autodéfense, les amis de Dominique Strauss-Kahn se pressent à son secours et se portent garants de son innocence. Le 16 mai, Jean-Christophe Cambadélis, engagé auprès de Dominique Strauss-Kahn dans la campagne des primaires de la gauche, explique : « *Après le temps de la spéculation, de l'émotion et de l'accusation, vient le temps de la défense et de l'amitié*[3]. » Invité du journal de 20 heures de France 2, Jack Lang, ancien ministre de l'Éducation nationale, affirme qu'il n'y a pas « *mort d'homme* ». Sur France Bleu Périgord, Henri Emmanuelli, député socialiste des Landes, a du mal « *à y croire, parce que c'est quelqu'un qui déteste le conflit* ». Le même jour, Manuel Valls confesse sur RTL avoir presque versé une larme : « *Dominique Strauss-Kahn est un ami que je connais depuis longtemps. Les images de ce matin [Dominique Strauss-Kahn sortant menotté du commissariat de Harlem à New York] sont d'une cruauté insoutenable. J'avais les larmes aux yeux.* »

Ses amis et collaborateurs se cantonnent à donner leur avis et à exprimer leur confiance en Dominique Strauss-Kahn, en vertu de leur amitié et d'un sentiment d'appartenance à une classe : le boys club, défini par l'essayiste québécoise Martine Delvaux comme « *un groupe serré d'amis-hommes qui se protègent entre eux*[4] ». Les femmes en sont exclues : quand elles s'expriment sur l'affaire, elles sont disqualifiées parce qu'elles manquent d'impartialité. C'est ce que sous-entend l'écrivain Thomas Clerc dans un article publié dans *Libération* le 31 mai, au sujet de Clémentine Autain, alors ancienne adjointe à la mairie de Paris, très engagée dans une critique féministe de l'affaire Strauss-Kahn : « *Pour Autain, le viol est d'abord une réalité : il est donc logique qu'elle prenne la défense de la victime.* » Parce qu'elle est femme et victime d'un viol, elle ne peut logiquement pas commenter une affaire de violences sexuelles avec objectivité.

Les hommes qui prennent la défense de Dominique Strauss-Kahn le feraient-ils parce qu'ils s'identifient *logiquement* aux agresseurs et aux violeurs ? Non : le point de vue des hommes est réputé impartial et raisonnable. Il est une barrière contre les biais et l'excès de sentiments des femmes, empêtrées dans une identification et une confiance aveugle dans la parole des victimes. Ne pas vouloir ou pouvoir croire que son ami est coupable, c'est considérer que l'accusatrice ment. Obligatoirement. Et ce n'est pas neutre. Une vraie position de neutralité, ce serait de ne croire ni l'accusé, ni l'accusatrice, ou de croire les deux et d'attendre la décision de justice. Nul besoin d'exposé juridique ou scientifique pour l'homme de pouvoir, sa parole fait foi. Il peut s'identifier à ses pairs, avoir une analyse biaisée par son appartenance à un groupe, protéger son collaborateur sur la base d'aucune preuve : c'est la norme. Le neutre, c'est le masculin universel, et l'affaire Strauss-Kahn est une démonstration éloquente de l'existence de ce boys club français.

La presse états-unienne accuse les médias français de taire les comportements délinquants de Dominique Strauss-Kahn. Et plus généralement, de protéger les élites françaises accusées de violences envers les femmes. Le *New York Times* évoque, comme on pourrait le faire du fonctionnement d'une mafia, un « *code du silence*[5] ». Le journaliste de *Libération* Jean Quatremer publie en 2011 une tribune dans le *Financial Times* invitant la société et la presse française à évoluer : « *Le tabou sur la "vie privée" est solidement ancré en France : dès qu'il y a un soupçon de sexe, le rideau tombe.* » Il explique avoir essayé d'en parler : « *Pour l'avoir écrit en juillet 2007, sur ce*

« L'INFORMATION S'ARRÊTE TOUJOURS À L'ENTRÉE DE LA CHAMBRE À COUCHER »

Le Canard enchaîné,
18 mai 2011

blog, j'avais encouru les foudres de certains de mes collègues et d'une partie de la classe politique, sans parler de quelques internautes, qui estimaient que j'empiétais sur la "vie privée" d'un politique. »

À cette exception près, en mai 2011, les médias français font bloc contre les attaques transatlantiques. « Libération *continuera, premier principe, à respecter la vie privée des hommes et des femmes politiques.* » Renaud Dély, à l'époque rédacteur en chef du *Nouvel Obs* ne « *pense pas que la transparence absolue soit indispensable* ». De son côté, Laurent Joffrin, alors directeur de la rédaction de l'hebdomadaire, justifie le silence des médias par cette phrase : « *Fallait-il faire le procès d'un séducteur ? Entre des avances trop pressantes et une accusation de viol avec séquestration, il y a tout de même un monde.* » Est-il besoin de rappeler que des avances sexuelles pressantes relèvent du harcèlement sexuel et sont des délits ? « *Heureusement qu'on ne parle pas des infidélités diverses, sinon on n'aurait pas fini. Tant que la vie privée n'influe pas sur l'action des hommes politiques ou que les femmes ne portent pas plainte…* » ajoute Sylvie Pierre-Brossolette, directrice adjointe de la rédaction du *Point*, qui semble ignorer qu'en 2008, Piroska Nagy, une collaboratrice de DSK avait contacté le comité d'éthique du FMI pour des faits d'abus de pouvoir consécutifs à une relation intime. *Le Canard enchaîné* produit le texte le plus édifiant sur cette affaire : « *DSK courait les jupons et les boîtes échangistes. La belle affaire ! C'est sa vie privée, et elle n'en fait pas un violeur en puissance.* » Pour le journal satirique, « *l'information s'arrête toujours à la porte de la chambre à coucher* ».

La loi dit que « *toute personne a droit au respect de sa vie privée* ». Par contre, il n'y a aucune définition légale de la vie privée. À la jurisprudence de définir ce qui est protégé : le domicile, l'image, la voix, l'état de santé, la vie sentimentale… ce qui ne saurait englober les violences sexuelles, qui sont des crimes et des délits. Il se peut que ce rejet de la sphère privée repose sur des siècles d'histoire patriarcale où il incombe au chef de famille de maintenir l'ordre dans son foyer, derrière les portes closes. Il est probable qu'il soit aussi la manifestation du mépris historique d'un certain journalisme pour les rubriques des faits divers et de la presse people, où on trouve traditionnellement les affaires de violences sexistes et sexuelles.

Cinq ans après l'affaire DSK, en mai 2016, *Mediapart* et France Inter mènent une enquête historique qui fera éclater l'affaire Denis Baupin. Seize femmes accusent le vice-président de l'Assemblée nationale et député Europe Écologie-Les Verts de harcèlement et d'agressions sexuelles. C'est la première fois en France qu'une affaire de violences sexuelles est dénoncée sans qu'il y ait une procédure judiciaire en cours. C'est ce que l'on appelle une affaire de presse. L'instruction est rapidement classée car les faits sont prescrits, mais la qualité de l'enquête aurait pu, selon le procureur, mener à des poursuites. Quelques jours après la publication des articles le mettant en cause, Denis Baupin décide de poursuivre en diffamation les accusatrices et les journalistes. En janvier 2019, la 17e chambre correctionnelle du tribunal de Paris relaxe les douze prévenu·es et condamne Denis Baupin pour procédure abusive. La justice estime que « *le sujet traité représente un but légitime d'expression, et même un sujet d'intérêt général* » : le sujet ne relève donc pas de la sphère privée. Le 5 octobre 2017, le *New York Times* met en ligne une grande enquête sur les agissements de Harvey Weinstein réalisée par les journalistes Jodi Kantor et Megan Twohey. Celle de Ronan Farrow est publiée quelques jours plus tard dans le *New Yorker*. Ces investigations, qui obtiendront le prix Pullitzer, donneront le départ du déferlement de la plus grande vague de libération de la parole en matière de violences sexuelles de l'histoire : #MeToo.

LA CULTURE DU VIOL DEVIENT UN SUJET DE DÉBAT EN FRANCE

Quel est l'impact de l'affaire Strauss-Kahn sur le féminisme français ? Pour la philosophe française Geneviève Fraisse, elle a contribué au basculement vers un nouveau cycle féministe. Celui qui s'achève au début des années 2000, date du début du XIXe siècle et porte sur les droits. En première ligne des luttes féministes : le Code Napoléon et l'« *obtention des droits civils à égalité, des droits politiques, économiques, jusqu'aux droits familiaux de la fin du XXe siècle* ». Le nouveau cycle qui s'ouvre avec les affaires Bertrand Cantat, puis DSK, porte lui sur la question du corps et de son intégrité : « *C'est l'énorme sujet de la reproduction, la procréation médicalement assistée (PMA), d'abord, et le fameux mot d'ordre "mon corps m'appartient", ensuite, qui doit se décliner autrement. C'est pourquoi il est tout à fait logique que ces affaires de violences sexuelles explosent maintenant* », explique la philosophe dans une interview parue dans *Le Monde* en octobre 2017. Ce nouveau combat se mène contre les représentations culturelles et contre l'exercice des violences sexuelles, marqueur incontournable de la domination masculine.

Cette affaire démontre aussi l'intérêt de recourir au concept d'intersectionnalité. Cette notion issue des sciences sociales et introduite par les travaux de l'universitaire féministe américaine Kimberlé Williams

Crenshaw en 1989 permettent de décrire les effets de la double discrimination, sexiste et raciste, subie par les femmes afro-américaines. Le principe s'est élargi ensuite au refus de cloisonner et de hiérarchiser les différentes oppressions en raison du genre, de la classe, de la race, de l'âge, du handicap ou de l'orientation sexuelle, qui se croisent et se cumulent. Il faut se souvenir du contexte : un an avant l'affaire DSK, la loi sur l'interdiction du port du voile intégral dans l'espace public est défendue en France au nom du féminisme et des droits des femmes supposément oppressées par les hommes de leur communauté. Quelques mois plus tard, ces élites n'ont plus aucun scrupule à faire bloc contre une victime de violences sexuelles noire et musulmane. Si les « victimes » se ressemblent, un élément de l'équation a changé : l'agresseur est, cette fois, un homme de pouvoir blanc.

L'affaire Strauss-Kahn n'est pas qu'une affaire de genre. Dans son ouvrage *Women, Race and Class* paru en 1983, la militante afro-américaine Angela Davis résume de manière prémonitoire les enjeux de cette séquence juridique : « *Aux États-Unis et dans les autres pays capitalistes, les lois sur le viol ont été édifiées à l'origine pour protéger les hommes des classes supérieures, dont les filles et les femmes pouvaient être agressées. Ce qui pouvait arriver aux femmes des classes populaires n'a que rarement inquiété les tribunaux ; par conséquent, il est à souligner que très peu d'hommes ont été poursuivis pour les violences sexuelles qu'ils avaient infligées à ces femmes [...] L'un des traits saillants du racisme est d'avoir toujours posé que les hommes blancs – et tout particulièrement ceux qui possèdent le pouvoir économique – ont un droit d'accès incontestable aux corps des femmes noires*[6]. »

« *Troussage de domestique* », « *il n'y a pas mort d'homme* », « *aimer les femmes sans modération* » : l'affaire Strauss-Kahn a choqué aussi par ses mots. La culture du viol devient un sujet de débat en France. Des initiatives militantes « sémantiques » émergent sur les réseaux sociaux. En 2016, Sophie Gourion crée le blog Les mots tuent : une compilation d'articles pour dénoncer le traitement journalistique des violences faites aux femmes. Grâce à elle, nous réalisons chaque jour que les brèves et articles sur les féminicides et les violences sexuelles sont bâclés, romantisés et complaisants. La même année, Prenons la une, une association de journalistes œuvrant pour une juste représentation des femmes dans les médias, publie une charte signée par plusieurs médias qui s'engagent à mieux traiter les violences sexistes et sexuelles. Le terme « féminicide » remplace peu à peu le « crime passionnel », dans la presse et dans nos représentations. C'est dans le sillage de ces initiatives que j'ai créé ma page Instagram Préparez-vous pour la bagarre, qui décrypte la forme des discours sexistes dans les médias.

De nombreuses féministes ont considéré, en 2011, que l'affaire Strauss-Kahn n'aurait pas pu éclater en France à cause de la complaisance des journalistes et de la violence exercée sur les victimes qui osent prendre la parole. Grâce au travail militant effectué sur le terrain et sur les réseaux sociaux, et à la lumière des affaires qui sont sorties depuis dix ans, j'aime croire que le contexte en France est devenu plus favorable à la dénonciation des violeurs et des agresseurs. Je suis cependant moins optimiste concernant le traitement médiatique qui est fait encore aujourd'hui des violences sexuelles et sexistes : car, même si les enquêtes se multiplient et que certains médias adaptent leur vocabulaire, celles-ci sont encore trop souvent abordées du point de vue des accusés et par conséquent minimisées et dépolitisées. •

---

1. Valérie Rey-Robert, *Une culture du viol à la française*, Libertalia, 2019.

2. Lire « La crédibilité de Nafissatou Diallo, élément clé de la procédure », *Le Monde*, 1er juillet 2011.

3. Cité dans *Une culture du viol à la française.*

4. Martine Delvaux, *Le Boys club*, Les éditions du remue-ménage, 2019.

5. Lire « Questions Raised About a Code of Silence », *New York Times*, 16 mai 2011.

6. Angela Davis citée par Najate Zouggari dans l'article « Violeur au-delà du Périph, séducteur en deçà », publié dans *Un troussage de domestique*, coordonné par Christine Delphy, éditions Syllepse, 2011.

ILLUSTRATIONS **Lucile Gautier**

TEXTE **Pauline Le Gall**

Journaliste indépendante, Pauline Le Gall analyse les liens entre féminisme et littérature.

LA MISANDRIE MATÉRIAU LITTÉRAIRE HAUTEMENT INFLAMMABLE

Depuis la publication des essais de Pauline Harmange, qui se revendique misandre, et d'Alice Coffin, qui s'est vue associée au terme malgré elle, « la haine des hommes » est revenue sur le devant de la scène. Existe-t-il une tradition féministe, militante et littéraire de la pensée misandre ?

« *Et si la misandrie était nécessaire, voire salutaire ?* » Cette idée de l'autrice Pauline Harmange, développée dans son essai *Moi les hommes, je les déteste* a déclenché en septembre dernier la colère d'un chargé de mission au ministère délégué à l'Égalité femmes-hommes. Il a voulu interdire l'essai féministe à la vente, mais son zèle, pointé du doigt par *Mediapart*, a eu l'effet inverse de celui escompté. Publié dans une petite maison d'édition associative (Monstrograph), le livre s'est vendu à 2 500 exemplaires avant d'être réédité par Le Seuil. Un mois plus tard, c'était au tour d'Alice Coffin de se voir reprocher d'affirmer, dans son essai *Le Génie lesbien* (Grasset, 2020), qu'elle privilégiait désormais les œuvres écrites, filmées ou composées par des femmes. C'est ainsi qu'en quelques semaines le mot de « misandrie » s'est vu propulsé en une des médias.

Misandre : *« qui éprouve du mépris, voire de la haine, pour le sexe masculin »*. Si, d'après le Grand Robert de la langue française de 2001, le terme n'apparaît dans les dictionnaires français que dans les années 1970, le cliché de la féministe qui honnit les hommes est lui, bien plus ancien. Dans *Et on tuera tous les affreux. Le féminisme au risque de la misandrie 1970-1980* (Presses universitaires de Rennes, 2014), la chercheuse Colette Pipon fait remonter le stéréotype de *« la féministe misandre »* supposément animée d'une *« violence castratrice »* à la fin du XIXe siècle. Même si le mot est parfois défini comme le pendant féminin de la misogynie,

« JE NE LES AIME NI LES DÉTESTE...

il n'est pas son équivalent. Le terme est surtout utilisé par *« les misogynes qui accusent les femmes d'être misandres »*, explique l'historienne des féminismes Florence Rochefort. *« Pendant longtemps les antiféministes ont dominé le débat, en ont cadré les termes, et ont systématiquement réduit ce combat à ce que l'on appelle "la guerre des sexes". Dans cette idée, les féministes feraient la guerre aux hommes et voudraient leur anéantissement alors que, dans les faits, elles veulent simplement l'égalité et la liberté. »*

Dans un premier temps, les féministes du début du XXe siècle se tiennent éloignées d'une condamnation trop virulente des hommes. Dans *King Kong Théorie* (Grasset, 2006), Virginie Despentes regrette d'ailleurs le fait que *« dans la littérature féminine, les exemples d'effronterie ou d'hostilité contre les hommes sont rarissimes »*. Elle évoque ces autrices qui ont pris *« soin de montrer patte blanche »* pour rassurer les hommes : Colette, Duras, Beauvoir, Yourcenar, Sagan. Sophie Benard, qui termine une thèse de philosophie de la littérature sur les écritures de soi chez les femmes, dresse le même constat : *« Quand des autrices comme Simone de Beauvoir ou Violette Leduc parlent des hommes, elles les encensent très facilement alors qu'elles peuvent être très dures avec les femmes. L'aspect misandre est totalement absent. »* Beauvoir, qui idéalise beaucoup les figures masculines qui l'entourent, écrit par exemple dans *Mémoires d'une jeune fille rangée* à propos de son père que *« [son] éducation, [sa] culture et la vision de la société, telle qu'elle était, tout [la] convainquait que les femmes appartenaient à une caste inférieure »*.

Pour trouver les traces d'un dégoût ou d'une haine des hommes, il faut chercher du côté de la scène littéraire lesbienne de la Belle Époque, dans les poèmes de Renée Vivien, dans le journal de Mireille Havet (*Journal 1924-1927*, éditions Claire Paulhan, 2003), une autrice proche d'Apollinaire, ou encore dans les *Pensées d'une Amazone* de Natalie Clifford Barney. «*J'ai la haine de leurs corps, de leur chair, de leur sexe, de leur désir*», écrit par exemple Mireille Havet. «*Ils sont pour moi d'infâmes faiseurs d'enfants, blesseurs de rêves, ennemis et bourreaux de nos tendresses et de nos féminités.*» Natalie Clifford Barney, elle, estime qu'«*il est temps que les Amazones ne se fassent plus féconder par l'"ennemi"*». Dans *Une femme m'apparut* (1904), l'un des rares romans de l'époque dont les personnages masculins sont absents du cœur de l'intrigue, Renée Vivien écrit en parlant des hommes «*Je ne les aime ni les déteste [...] Je leur en veux d'avoir fait beaucoup de mal aux femmes. Ce sont des adversaires politiques que je me plais à injurier pour les besoins de la cause. Hors du champ de bataille des idées, ils me sont inconnus et indifférents.*» Mais quelques envolées contre les hommes suffisent-elles à dessiner les contours d'une pensée misandre? Christine Bard, historienne du féminisme, très sceptique sur l'emploi du terme «misandre» est catégorique. «*Il est très important de noter qu'il n'y a pas de passage à l'acte et que les violences sont verbales. Dans la lutte, la violence n'est jamais le fait des femmes.*»

... JE LEUR EN VEUX D'AVOIR FAIT BEAUCOUP DE MAL AUX FEMMES...

LA RHÉTORIQUE ANTIFÉMINISTE UTILISÉE CONTRE LES HOMMES

Le *SCUM Manifesto* que l'Américaine Valerie Solanas autoédite et distribue elle-même dans la rue à partir d'octobre 1967, sera peut-être le seul exemple de violence verbale qui se traduit par une violence physique. Deux ans après sa publication, Valerie Solanas tire trois coups de feu sur l'artiste Andy Warhol – elle n'a, toutefois, jamais revendiqué comme féministe cette tentative d'assassinat. Son court manifeste, dont le titre fait à la fois référence aux ordures (*scum*) et au désir de former une société secrète pour émasculer les hommes (Society for Cutting Up Men), est une œuvre à part dans l'histoire du féminisme, un pamphlet violemment anticapitaliste qui appelle à faire table rase du passé et à détruire le patriarcat. Solanas écrit par exemple que «*chaque homme sait au fond de lui qu'il n'est qu'un tas de merde sans intérêt*». Elle s'amuse à utiliser la rhétorique antiféministe contre les hommes.

Professeure à l'Arizona State University et biographe de Valerie Solanas, Breanne Fahs explique que celle-ci a été l'une des premières à «*verbaliser la rage et la colère contre les hommes*», provoquant des débats au sein même de la National Organization for Women (NOW), l'une des principales associations féministess de l'époque. «*NOW était divisée autour du fait que Valerie Solanas tire sur Andy Warhol. Les féministes libérales pensaient que la violence et la misandrie n'avaient pas de place dans le mouvement, alors que les féministes radicales ont vu dans la violence de Valerie une expression de la rage contre tous les hommes qui font du mal aux femmes. Elles ont voulu l'aider et défendre son travail.*» La misandrie, rappelle Colette Pipon, est bien une «*haine-réponse*». Une idée que l'on retrouve également dans l'essai de Pauline Harmange qui cite les violences faites aux femmes comme la source de son désir de se revendiquer misandre. L'historienne Florence Rochefort compare d'ailleurs volontiers la misandrie à la lutte des classes : *« La catégorie politique des femmes va venir s'opposer à la catégorie politique des hommes, et cette dernière devient le synonyme du pouvoir masculin. »*

TRANSFORMER LA HAINE EN ÉNERGIE

En France à la même époque, les autrices féministes écrivent aussi leur colère. *« Il y a un moment où il faut sortir les couteaux »*, écrit l'autrice et militante Christiane Rochefort dans la préface de l'édition française de *SCUM Manifesto* parue en 1971. Dans *Les Bergères de l'Apocalypse (1978)*, Françoise d'Eaubonne, écrivaine et théoricienne du féminisme très prolixe dans les années 1960 et 1970 qui est aujourd'hui considérée comme une pionnière de l'écoféminisme (lire son portrait p.43), envisage un monde dans lequel les hommes, *« les fécondateurs »*, ont disparu : Anima, la civilisation nouvelle, est composée uniquement de femmes.

« Certaines des œuvres de fiction de Monique Wittig ou de Françoise d'Eaubonne appellent à la haine des hommes, à leur destruction. La science-fiction de Françoise d'Eaubonne par exemple parle de colère, de rage destructrice et de la joie profonde que tout cela entraîne. Ces autrices ont pour objectif de détruire le pouvoir des hommes », observe Aurore Turbiau, doctorante en littérature comparée à la Sorbonne, qui travaille sur l'engagement littéraire des années 1970. Mais la destruction du patriarcat, le désir

… CE SONT DES ADVERSAIRES POLITIQUES QUE JE ME PLAIS À INJURIER POUR LES BESOINS DE LA CAUSE. »

Renée Vivien, *Une femme m'apparut* (1904)

de repartir sur de nouvelles bases, sont-elles forcément synonymes de misandrie? *« Ce qui serait dommage, ce serait qu'on limite l'ensemble de leur pensée à leur rapport aux hommes, alors qu'elles vont bien au-delà et que les hommes ne sont pas au centre de leurs préoccupations. Il ne faut pas tomber dans la lesbophobie et dire que toutes les lesbiennes détestent les hommes »*, estime Aurore Turbiau. Le roman de Monique Wittig *Les Guérillères* (Les éditions de Minuit, 1969) n'est-il pas la célébration d'une communauté centrée autour des femmes? Wittig y écrit, en parlant de ses héroïnes, qu'elles ont *« transformé leur haine en énergie »*. Suzette Robichon, militante féministe, lesbienne et éditrice n'a pas envie de limiter ces œuvres au rapport que leurs autrices entretiennent avec les hommes. *« Lorsque nous avons fondé la revue* Vlasta, *revue des fictions et utopies amazoniennes dans les années 1980, nous voulions reprendre et créer notre espace, tout simplement »*, témoigne-t-elle. Il s'agit plutôt d'inventer, de créer.

Pauline Harmange assure que le fait de faire sienne cette philosophie lui a permis de s'arracher à un féminisme mainstream *« qui s'emploie depuis des décennies à être trop poli, trop policé, et à ouvrir les bras aux hommes »*. Se réapproprier le terme « misandre » dans la littérature peut tout à fait s'avérer salutaire. *« La violence sexuelle subie par les femmes est très majoritairement le fait des hommes »*, explique l'historienne Florence Rochefort. *« Cela entraîne une dénonciation, nourrie d'émotions, qui a un potentiel cathartique. Ensuite, c'est aux philosophes et chercheurs et chercheuses des sciences humaines et sociales de mener le travail pour éviter les impasses théoriques. »* Et pour que la littérature et les combats féministes ne soient pas limités à une guerre des sexes binaire. •

The world doesn't look any better this way.
Of course, it doesn't look any worse either!
Thou shalt not hassle

COMBLER D'UN CRI LE SILENCE

AUDRE LORDE

En 1984, l'autrice afro-américaine Audre Lorde publie *Sister Outsider*, une sélection d'essais politiques et de textes intimes dans lesquels elle articule les notions de sexisme et de racisme et invite les féministes à s'interroger sur leurs limites. Un propos dont la puissance résonne avec force aujourd'hui. Nous publions ici les extraits de deux textes majeurs de ce recueil, ainsi qu'un de ses poèmes, dans une traduction inédite.

À gauche:

Audre Lorde (1934-1992), chez elle à Staten Island, New York, en 1981.

INTRODUCTION PAR **Nassira Hedjerassi**
sociologue, spécialiste de la formation des intellectuelles

Figure de l'histoire des luttes et des pensées féministes et lesbiennes afro-américaines du XXe siècle, Audre Lorde est une poétesse reconnue et honorée, autrice d'une dizaine de recueils de poésie. Née en 1934 à New York, elle est issue d'une famille de migrants noirs, arrivés à Harlem en 1924. Tout au long de son enfance et de son adolescence, Audre Lorde a vécu des situations qu'elle qualifie de «handicaps»: fille de travailleurs pauvres des Antilles, considérée comme aveugle (alors qu'elle souffrait en réalité d'une myopie sévère), souffrant de surpoids, découvrant son amour des femmes.

Marginale dans sa famille, à l'école, dans le monde du travail, dans son cercle amical, dans le cercle (très masculin) des écrivains et poètes noirs, dans le milieu de la gauche radicale, dans le cercle lesbien new-yorkais, Audre Lorde se pense de manière répétée comme *outsider*. Son double handicap, à savoir sa quasi-cécité et son mutisme (elle commence à parler très tardivement), peut être lu comme la métaphore de la situation des opprimées et éclaire la place centrale qu'occupe la problématique de la visibilité et de la voix dans ses écrits et ses luttes. Elle se veut et devient la voix majeure des sans-voix et des invisibilisé·es.

OPPRESSIONS MULTIPLES

Engagée dans les différents mouvements sociaux (pour les droits civiques, des femmes, des gays et lesbiennes, des travailleur·euses, contre la guerre) qui traversent l'histoire des États-Unis, elle choisit de ne dissimuler aucune partie d'elle-même, d'afficher dans l'espace public la *«mosaïque»* de ses identités, selon le terme de la chercheuse Claudine Raynaud, toutes ses différences (de classe, de race, de sexe, de sexualité, d'âge, de corpulence...).

Avec l'une des voix afro-américaines les plus radicales de l'époque, Barbara Smith, elle participe à l'organisation de la lutte des féministes et lesbiennes noires ou de couleur en créant le Combahee River Collective à Boston en 1974. Le collectif publiera son manifeste en avril 1977, appelant à la prise en compte du caractère entrecroisé des systèmes d'oppression. Cela préfigurera le terme d'intersectionnalité forgé plus tard par la juriste Kimberlé Crenshaw (dans son article célèbre de 1988).

Lors d'une conférence à Chicago en décembre 1977, par son texte majeur, «Transformer le silence en paroles et en actes», Audre Lorde donne à entendre la voix des lesbiennes noires. Un appel dont l'urgence s'explique par le fait qu'un cancer du sein vient de lui être diagnostiqué, une maladie qui l'emportera en 1992. Par ses positions publiques et ses essais rassemblés dans le recueil *Sister Outsider. Essais et propos d'Audre Lorde* (éditions Mamamélis, 2018; première publication en 1984), elle met clairement au jour la complexité du phénomène d'oppression: partager des luttes ne réduit pas les autres oppressions de classe, de race, de sexe, d'âge, de sexualité... Le terme de *sister* évoque l'appel à la sororité (*sisterhood*) porté par les luttes féministes, celui d'*outsider*, la marginalisation d'*autres* femmes. Ce terme fait également référence aux luttes pour les droits civiques, soulignant la marginalisation des problématiques de genre en leur sein. En d'autres termes, elle montre que les luttes féministes ne font pas disparaître le racisme, la lesbophobie, le classisme; tout comme les luttes pour les droits civiques ne dissolvent pas le sexisme, l'homophobie, etc. C'est la notion même de «femme» comme catégorie monolithique et universelle qu'Audre Lorde interroge et fait voler en éclats dans ses écrits, insistant sur la *«spécificité de l'expérience vécue des femmes noires»*. Pour elle, l'enjeu est de *«construire des ponts entre nos différences»*, de tisser des liens, ce que l'intellectuelle et féministe bell hooks qualifie de *«solidarité politique»*.

UNE VOIX ACTUELLE

La figure d'Audre Lorde n'aura cessé de nourrir les luttes des groupes marginalisés, invisibilisés et silenciés, aux États-Unis comme en Europe. Par exemple, de son vivant, elle avait partagé sa propre expérience avec des féministes et lesbiennes afro-allemandes.

Ses textes, notamment «Transformer le silence en paroles et en actes» et «De l'usage de la colère: la réponse des femmes au racisme», ont largement circulé sous forme de brochures dans les cercles militants français. Aujourd'hui, le mouvement Black Lives Matter, né aux États-Unis en 2013, le développement de l'afro-féminisme en France et en Europe, les polémiques autour de la notion d'intersectionnalité en France ne font que souligner la vivacité et l'actualité de la voix d'Audre Lorde. •

TRANSFORMER LE SILENCE EN PAROLES ET EN ACTES*

Je suis de plus en plus convaincue que ce qui est essentiel pour moi doit être mis en mots, énoncé et partagé, et ce même au risque que ce soit éreinté par la critique et incompris. Parce que parler m'est bénéfique d'abord et avant tout. Je suis ici, debout, comme poète Noire lesbienne, et tout cela prend un sens encore plus fort parce que je suis toujours en vie, alors que j'ai bien failli ne plus l'être. Il y a moins de deux mois de cela, deux médecins, une femme et un homme, m'ont annoncé que je devais me faire opérer du sein, et qu'il y avait 60 % à 80 % de risques pour que la tumeur soit maligne. Entre cette nouvelle assénée et l'intervention chirurgicale, une attente de trois semaines s'est écoulée, période d'agonie pendant laquelle j'ai dû réenvisager ma vie entière. L'opération a eu lieu, la tumeur était bénigne.

Mais pendant ces trois semaines, j'ai été forcée de me regarder, de regarder ma vie, à la lumière crue de l'urgence, expérience dont je suis ressortie secouée mais bien plus forte. De nombreuses femmes, certaines d'entre vous aujourd'hui ici, ont fait face à ce genre de situation. Ce que j'ai ressenti au cours de cette période m'a aidée à élucider bien des questions sur ce qui peut transformer le silence en paroles et en actes.

Ainsi confrontée de force à l'éventualité de ma mort, à ce que je désirais et voulais de ma vie, aussi courte soit-elle, priorités et omissions me sont apparues violemment, sous une lumière implacable, et ce que j'ai le plus regretté ce sont mes silences. De quoi avais-je donc eu si peur? Dans mon esprit, poser des questions ou parler signifiait souffrance ou mort. Pourtant nous souffrons toutes, de bien des façons, tout le temps, et la souffrance se transforme ou s'achève.

[...] J'allais mourir, tôt ou tard, que j'aie pris la parole ou non. Mes silences ne m'avaient pas protégée. Votre silence ne vous protégera pas non plus. Mais à chaque vraie parole exprimée, à chacune de mes tentatives pour dire ces vérités que je ne cesse de poursuivre, je suis entrée en contact avec d'autres femmes, et, ensemble, nous avons recherché des paroles s'accordant au monde auquel nous croyons toutes, construisant un pont entre nos différences. Et ce sont l'intérêt et le soutien de toutes ces femmes qui m'ont donné de la force, et permis de questionner les fondements mêmes de ma vie.

Les femmes qui m'ont soutenue pendant cette période étaient noires et blanches, vieilles et jeunes, lesbiennes, bisexuelles et hétérosexuelles, et nous avons toutes pris part à cette guerre contre les tyrannies du silence. Sans la force et l'attention de toutes ces femmes, je n'aurais pas pu survivre indemne. Pendant ces semaines de peur intense, j'ai soudain compris – dans la guerre, nous combattons les forces de la mort, plus ou moins subtiles, dont nous sommes conscientes ou non – que je ne suis pas seulement une victime, je suis aussi une guerrière.

Quels sont les mots qui vous manquent encore? Qu'avez-vous besoin de dire? Quelles sont les tyrannies que vous avalez jour après jour et que vous essayez de faire vôtres, jusqu'à vous en rendre malade et à en crever, en silence encore? Peut-être que pour certaines d'entre vous, ici aujourd'hui, je suis le visage d'une

* Titre original: « The Transformation of Silence into Language and Action ». Audre Lorde a présenté cette communication pour la première fois à la table ronde « Lesbiennes et recherche littéraire », lors de la conférence de l'Association des lettres modernes, le 28 décembre 1977 à Chicago. Le texte est reproduit tel qu'il a été publié par les éditions Mamamélis, en respectant le choix politique d'Audre Lorde de restaurer une dignité bafouée en utilisant des majuscules pour « Noire » (même lorsqu'il est adjectif, contrairement à l'usage typographique) et pour « de Couleur ».

de vos peurs. Parce que je suis femme, parce que je suis Noire, parce que je suis lesbienne, parce que je suis moi – une poète guerrière Noire qui fait son boulot –, venue vous demander : et vous, est-ce que vous faites le vôtre ?

Et bien sûr, j'ai peur, car transformer le silence en paroles et en actions est un acte de révélation de soi, et cet acte semble toujours plein de dangers.

Quand je lui ai parlé de notre sujet de discussion et de mes difficultés, ma fille m'a dit : *« Raconte leur qu'on n'est jamais une personne à part entière si on reste silencieuse, parce qu'il y a toujours cette petite chose en nous qui veut prendre la parole. Et, si on continue à l'ignorer, cette petite chose devient de plus en plus fébrile, de plus en plus en colère et si on ne prend pas la parole, un jour, cette petite chose finira par exploser et nous mettre son poing dans la figure. »*

[...] Pour transformer le silence en paroles et en actes, il est fondamental que chacune de nous établisse et analyse sa place dans cette transformation, et reconnaisse le rôle vital qu'elle joue. [...] Et quand les paroles des femmes crient pour être entendues, nous devons, chacune, prendre la responsabilité de chercher ces paroles, de les lire, de les partager et d'en saisir la pertinence pour nos vies. Nous ne devons pas nous cacher derrière les simulacres de division qu'on nous a imposés, et que nous faisons si souvent nôtres. Du genre : « Je ne peux vraiment pas enseigner la littérature des femmes Noires, leur expérience est si éloignée de la mienne. » Pourtant, depuis combien d'années enseignez-vous Platon, Shakespeare et Proust ? Ou bien : « C'est une femme blanche, que peut-elle vraiment avoir à me dire ? » Ou : « C'est une lesbienne, que va en penser mon mari, ou mon patron ? » Ou encore : « Cette femme parle de ses fils et je n'ai pas d'enfant. » Et toutes les multiples façons que nous avons de nous priver de nous-mêmes et des autres.

[...] Le fait que nous soyons ici ensemble, et que je prononce ces paroles, est une tentative de briser ce silence, et de construire des ponts entre nos différences, car ce ne sont pas nos différences qui nous immobilisent, c'est le silence. Et tant de silences doivent être brisés !

ON NE DÉMOLIRA JAMAIS LA MAISON DU MAÎTRE AVEC LES OUTILS DU MAÎTRE*

J'ai accepté de participer à une conférence de l'Institut des sciences humaines d'une université de New York, il y a un an de cela, ayant cru comprendre qu'on me demandait de commenter des textes traitant du rôle de la différence dans la vie des femmes américaines : différence de race, de sexualité, de classe sociale et d'âge. L'absence de telles considérations appauvrit toute discussion féministe sur le personnel et le politique.

C'est faire preuve d'une arrogance tout universitaire que d'engager une quelconque discussion théorique féministe sans tenir compte des nombreuses différences qui existent entre femmes, et sans une contribution significative des femmes pauvres, des femmes Noires et du Tiers-Monde[1], et des lesbiennes. Et voilà que, lesbienne Noire féministe, je suis invitée à participer au seul groupe de travail de cette conférence où l'apport des féministes et des lesbiennes Noires soit représenté. Cela en dit long sur les tristes perspectives de cette conférence, dans un pays où racisme, sexisme et homophobie sont inséparables. Lire ce

1. Il faut replacer cette catégorie dans le contexte d'après-guerre, de vagues de décolonisation, de bipolarisation du monde entre les États-Unis et l'URSS. La conférence de Bandung de 1955 réunit 29 pays du « Tiers-Monde » qui entendent exister en dehors de cette ligne de division. Audre Lorde est à l'origine d'une maison d'édition alternative, *Kitchen Table of Women Press*, qui se donnait pour objectif de publier *« les femmes de Couleur : Amérindiennes, Africaines-Américaines, Latino-Américaines, Asio-Américaines »* et, plus largement, *« les femmes du Tiers-Monde »*.

programme revient à admettre que les lesbiennes et les femmes Noires n'ont rien à dire sur l'existentialisme, l'érotique, la culture et le silence des femmes, le développement de la théorie féministe, ou sur l'hétérosexualité et le pouvoir.

Et ça veut dire quoi, en termes personnels et politiques, que les deux femmes Noires présentes ici aient été trouvées à la dernière minute? Ça veut dire quoi d'utiliser les armes d'un patriarcat raciste pour analyser les fruits de ce même patriarcat?

[...] Celles d'entre nous qui sont hors du cercle des femmes «acceptables», telles que cette société les définit; celles d'entre nous qui ont été forgées dans les flammes de la différence –celles d'entre nous qui sont pauvres, qui sont lesbiennes, qui sont Noires, qui sont âgées– savent que la survie n'est pas une aptitude universitaire. Il s'agit d'apprendre à rester debout toute seule, haïe et parfois insultée, apprendre à faire cause commune avec toutes les personnes manifestement en dehors du système, afin d'imaginer et de construire un monde dans lequel nous pourrions toutes nous épanouir.

Il s'agit d'apprendre à accepter ces différences et à les muer en forces. Car les outils du maître ne détruiront jamais la maison du maître. Ils peuvent peut-être nous donner la possibilité, momentanément, de le battre à son propre jeu, mais jamais ils ne nous permettront de provoquer un véritable changement. Et cette menace pèse uniquement sur les femmes qui continuent à considérer la maison du maître comme leur seul point d'appui.

[...] Si la théorie féministe américaine blanche n'éprouve pas le besoin de traiter des différences entre femmes, ni des différences qui en résultent dans nos oppressions de femmes, alors que faites-vous du fait que les femmes qui nettoient vos maisons et qui s'occupent de vos enfants pendant que vous participez à des conférences sur la théorie féministe sont, pour la plupart, des femmes pauvres et des femmes de Couleur? Sur quelle théorie ce féminisme raciste repose-t-il?

[...] Pourquoi n'a-t-on pas trouvé d'autres femmes de Couleur pour participer à cette conférence? Pourquoi a-t-on estimé qu'il suffisait de deux coups de téléphone pour me demander conseil? Suis-je la seule personne susceptible de connaître des noms de féministes Noires? [...] Dans les cercles féministes universitaires, la réponse à ces questions est souvent: «Nous ne savons pas vers qui nous tourner.» Mais il s'agit toujours de la même fuite devant les responsabilités, de la même solution de facilité, celle-là même qui exclut le travail artistique des femmes Noires des expositions de femmes, qui évince le travail des femmes Noires de la plupart des publications féministes, à l'exception de l'occasionnel «numéro spécial consacré aux femmes du Tiers-Monde», celle-là même qui écarte les textes des femmes Noires de vos bibliographies.

[...] On demande encore aux femmes d'aujourd'hui de combler le fossé de l'ignorance masculine, et d'expliquer aux hommes nos vies et nos besoins. Accaparer les opprimés avec les préoccupations de leur maître, c'est une arme bien rodée des oppresseurs. Simone de Beauvoir a dit: *«C'est en reconnaissant la véritable nature de nos conditions de vie que nous trouverons la force de vivre et des motivations pour agir.»*

Le racisme et l'homophobie forment la véritable trame de nos existences en tout lieu et à toute heure. *J'exhorte chacune d'entre nous présente ici à descendre au plus profond d'elle-même pour atteindre la terreur et le dégoût de toute différence qui s'y terre.* Et de voir quel est son visage. Alors seulement, le personnel comme le politique pourront commencer à éclairer tous nos choix.

* Intervention prononcée au cours de la table ronde sur «Le personnel et le politique», lors de la Conférence sur *Le Deuxième Sexe*, le 29 septembre 1979 à New York.

***Sister Outsider*, Essais et propos d'Audre Lorde sur la poésie, l'érotisme, le racisme, le sexisme...**, **éditions Mamamélis, 2018.**

UNE FEMME PARLE*

Sensible à la lune émue par le soleil
mon charme est implicite
mais quand la mer se retirera
elle abandonnera mon corps
je ne cherche pas l'approbation
indifférente au sang
implacable comme le fléau de l'amour
aussi têtue que mes erreurs
ou ma fierté
je ne confonds pas
l'amour et la pitié
ni la haine et le mépris
et si vous voulez me connaître
fouaillez les entrailles d'Uranus
où les océans inlassables se fracassent

Je n'habite
ni ma naissance ni mes divinités
moi qui suis sans âge et même pas adulte
cherchant encore
mes sœurs
sorcières du Dahomey
me portent dans leurs toiles nouées
comme autrefois notre mère
endeuillée.

J'ai été femme
durant longtemps
méfiez-vous de mon sourire
Je suis trompeuse grâce à la vieille magie
et la nouvelle démence de midi
pour tous vos vastes projets
je suis
femme
et non blanche.

* *A Woman Speaks*, The Collected Poems of Audre Lorde. (W. W. Norton and Company Inc., 1997). *Une femme parle*, traduit de l'anglais par Gerty Dambury, est issu du recueil *La Licorne noire* d'Audre Lorde, à paraître aux éditions de l'Arche en septembre 2021.

LA DÉFERLANTE
LA REVUE DES RÉVOLUTIONS FÉMINISTES

SOCIÉTÉ ÉDITRICE
La Déferlante
SAS au capital social de 6000€
15, rue de la Fontaine-au-roi
75011 Paris

www.revueladeferlante.fr
ladeferlante@revueladeferlante.fr
RCS Bobigny: 884 180 621

DIRECTION DE LA PUBLICATION
Lucie Geffroy

RÉDACTION EN CHEF
Marie Barbier, Lucie Geffroy,
Emmanuelle Josse et Marion Pillas

COMITÉ ÉDITORIAL
Déborah Benzimra, Alix Béranger,
Nora Bouazzouni, Iris Derœux,
Ilana Eloit, Kareen Janselme,
Chloé Leprince, Mélusine,
Amélie Mougey, Bibia Pavard,
Anne-Laure Pineau, Anne Roy,
Clara Tellier Savary, Ingrid
Therwath, Élise Thiébaut,
Lucie Tourette, Laura Verquère

DIRECTION ARTISTIQUE ET MAQUETTE
Amélie Bonnin, Mélanie Guéret,
Marta Salarich Bardia
et Marin van Uhm

RESPONSABLE PHOTO
Marie Fantozzi

ILLUSTRATION DE COUVERTURE
Nadia Diz Grana

CORRECTION
Sophie Hofnung

SECRÉTARIAT DE RÉDACTION
JeanPaul Debest
et Anne-Sophie Potier

PHOTOGRAVURE
Les artisans du Regard

IMPRESSION
Imprimé en France
par la société Estimprim
sur papier PEFC
Z.A. La Craye
25 110 Autechaux

DIFFUSION
Harmonia Mundi Livres

RELATIONS LIBRAIRES
Virginie Migeotte

SERVICE DES ABONNEMENTS
tél.: 05 34 56 35 60
(+33 534 563 560 depuis l'étranger)
email: ladeferlante@abomarque.fr

ISSN: en cours
ISBN: 978-2-492300-00-4
Prix de vente: 19 euros
Dépôt légal: février 2021
Publication trimestrielle
N°1 – mars 2021
N° de CPPAP en cours

À PROPOS DE L'ÉCRITURE INCLUSIVE

À *La Déferlante* nous avons fait le choix d'adopter les principes de l'écriture inclusive. Cela permet d'assurer une meilleure représentation des femmes dans la langue, à commencer par l'emploi de tous les noms de métiers ou titres au féminin (en privilégiant les mots anciens comme *autrice* et *chercheuse*, plutôt que les néologismes *auteure* et *chercheure*). Refusant l'emploi du masculin pour un prétendu neutre, nous exprimons le masculin ET le féminin dans les énoncés parlant des deux sexes ou s'adressant à eux. Ces doublets peuvent être complets (*les Français et les Françaises*) ou abrégés au moyen d'un point médian (*un·e auteur·rice*; *des partisan·es*). Enfin, non, le masculin ne l'emporte pas sur le féminin. Pour lutter contre cette primauté du masculin, nous favorisons dans nos pages une règle longtemps en vigueur en français: l'accord de proximité (*toutes celles et ceux*; *les articles et tribunes publiées*).

Sophie Hofnung, correctrice de *La Déferlante*

PROCHAIN NUMÉRO
En librairie le 4 juin 2021

DOSSIER
MANGER
LE GENRE PASSE À TABLE

PORTRAIT
MONIQUE WITTIG, LA « GUÉRILLÈRE »
PAR ILANA ELOIT

ENTRETIEN
PÉNÉLOPE BAGIEU
« J'ASSUME D'ÊTRE FÉMINISTE MÊME QUAND CELA ME DESSERT. »

COLD CASE
QUAND *BAISE-MOI* ÉTAIT CLASSÉ X
PAR DOLORÈS BAKELA

La Déferlante remercie particulièrement Anaïs Benguigui, Aurélia Braud, Lénaïg Bredoux, Mathilde Caillol, Aurélie Carrier, Habib Chelali, Perrine Daubas, Nicolas Debricon, Pauline Gabinari, Thierry Gauthé, Audrey Guiller, Caroline de Haas, Frédéric Poussin, Guylaine Reinders-Seite, Sylvain Ricard, Rodolphe Rosier, Étienne Samson et François Willig.